JN254539

金融法務対策 速習

新 債権法

弁護士法人　三宅法律事務所
渡邉雅之・井上真一郎・松崎嵩大

ビジネス教育出版社

はじめに

民法が121年ぶりに大きく改正され、「民法の一部を改正する法律」及び「民法の一部を改正する法律の施行に伴う関係法律の施行に伴う関係法律の整備等に関する法律」が2017年（平成29年）5月26日に成立し、同年6月2日に公布されました。

この改正は、時代の変遷によって生じた「社会・経済の変化へ対応」することと、「国民一般に分かりやすい民法の実現」という2つの観点に基づいて行われました。

金融法務に携わる方々にとっては、基本法である民法がどのように変わったのか、その内容を理解するともに、実務にどのような影響を及ぼすかを理解したうえで、改正民法が施行される2020年（平成32年）4月までに、必要な準備を整えておかなければなりません。

本書は金融機関職員にとってのハンドブックとなるように、業務すべてに共通することから、預金・融資・為替などの業務ごとに、実務において留意すべき点を簡潔にわかりやすく解説しています。また、重要な論点が一目で分かるように、項目ごとに実務のPointをまとめています。

本書をお読みいただき、新しい債権法（改正民法）に基づく実務対策につなげていただければ幸いです。

弁護士法人三宅法律事務所
弁護士　渡邉 雅之

目　次

凡　例

[法令]

改正民法　→　民法の一部を改正する法律（平成29年法律第44号）

(改正○条) →　改正民法の条文

(現○条)　→　現行民法の条文

[裁判例]

大判（決）　→　大審院判決（決定）

大連判（決）　→　大審院連合部判決（決定）

最大判（決）　→　最高裁判所大法廷判決（決定）

最○小判（決）　→　最高裁判所第○小法廷判決（決定）

高判（決）　→　高等裁判所判決（決定）

地判（決）　→　地方裁判所判決（決定）

[判例集等]

民録　→　大審院民事判決録

民集　→　大審院民事判例集、最高裁判所民事判例集

集民　→　最高裁判所裁判集民事

金法　→　金融法務事情

判時　→　判例時報

判タ　→　判例タイムズ

新聞　→　法律新聞

1章

共通

1 債権法改正の経緯と目的

実務 Point

- **債権法改正は、現行民法の制定後 120 年以上経過した中で、「社会・経済の変化への対応」と「国民一般に分かりやすい民法の実現」を目指すものです。**
- **債権法改正は、「民法の一部を改正する法律」として、2017 年（平成 29 年）6 月 2 日に公布され、2020 年（平成 32 年）4 月 1 日に施行されます。**

1．債権法改正の経緯

（1） 民法の改正過程

2017 年（平成 29 年）5 月 26 日に、「民法の一部を改正する法律」（平成 29 年法律第 44 号。以下「改正民法」といいます。）及び「民法の一部を改正する法律の施行に伴う関係法律の整備等に関する法律案」（以下「整備法」といいます。）が成立しました。

民法は、明治 29 年法律第 89 号により定められた第 1 編（総則）・第 2 編（物権）・第 3 編（債権）及び明治 31 年法律第 9 号により定められた第 4 編（親族）・第 5 編（相続）で構成されており、いずれも 1898 年（明治 31 年）7 月 16 日に施行されました。

第二次世界体制後の 1948 年（昭和 23 年）に家族法（親族・相続）の改正がなされましたが、債権関係の規定については大きな改正がなされておらず、今回の改正は民法制定以来約 120 年ぶりになる大改正といえます。

（2）　改正民法に係る審議の流れ

改正民法に関する政府における審議が開始したのは、2009年（平成21年）10月28日に開催された法制審議会第160回会議において、法務大臣から以下の諮問が行われたことによります。

諮問第88号（平成21年10月28日総会）

民事基本法典である民法のうち債権関係の規定について、同法制定以来の社会・経済の変化への対応を図り、国民一般に分かりやすいものとする等の観点から、国民の日常生活や経済活動にかかわりの深い契約に関する規定を中心に見直しを行う必要があると思われるので、その要綱を示されたい。

この諮問を受けて、法制審議会は、法制審議会民法（債権関係）部会（以下「債権法部会」といいます。）が設置され、2009年（平成21年）11月24日の第1回から2015年（平成27年）2月10日の第99回までの部会が開催されました。

債権法部会の審議は、3つのステージで行われました。

第1ステージは、2009年（平成21年）11月24日から2011年（平成23年）4月12日まで論点の整理が行われました。この審議に基づき、「民法（債権関係）の改正に関する中間的な論点整理」が取りまとめられ、2011年（平成23年）5月10日に公表され、同年6月1日から8月1日までパブリックコメント手続に付されました。

第2ステージは、2011年（平成23年）6月7日から2013年（平成25年）2月26日まで、分科会も含めて開催され、中間試案の審議が行われました。その結果取りまとめられた「民法（債権関係）の改正に関する中間試案」が、同年3月11日には公表され、同年4月16日から6月17日までパブリックコメント手続に付されました。

第3ステージは、2013年（平成25年）5月28日から2015年（平成

27年）2月10日まで改正要綱案の取りまとめに向けた審議が行われました。2014年（平成26年）8月26日には「民法（債権関係）の改正に関する要綱仮案」が決定され、2015年（平成27年）2月10日に開催された第99回会議では、「民法（債権関係）の改正に関する要綱案」が決定されました。そして、同月24日に開催された法制審議会第174回会議において、「民法（債権関係）の改正に関する要綱」（以下「改正要綱」といいます。）として採択され、同日、この改正要綱をもって法務大臣に答申しました。

その後、改正要綱を踏まえた「民法の一部を改正する法律案」及び「民法の一部を改正する法律の施行に伴う関係法律の整備等に関する法律案」が2015年（平成27年）3月31日に国会に提出されました。

これらの法律は、2017年（平成29年）5月26日に国会において成立、同年6月2日に公布され、2020年（平成32年）4月1日に施行されます。

改正民法成立までの審議の流れ

○民法（債権関係）部会設置（2009年10月）

第1ステージ

中間論点整理（2011年4月）⇒パブコメ（2011年6～8月）

第2ステージ

中間試案の決定（2013年2月）⇒パブコメ（2013年4～6月）

第3ステージ

要綱仮案の決定（2014年8月26日）

要綱案の決定（2015年2月10日）

要綱の採択（2015年2月24日、同日に答申）

（※合計99回の債権法部会会議、18回の分科会会議をもって審議終了）

○改正法案を閣議決定・国会に提出（2015年3月31日）

改正民法成立（2017年5月26日）

2．債権法改正の目的

上記のとおり、今回の債権法改正は、民法のうち債権関係の規定について、「**社会・経済の変化への対応**」と「**国民一般に分かりやすい民法の実現**」という２つの観点から行われました。

(1)　社会・経済の変化への対応

現行民法の債権・契約関係に関する規定のほとんどは、約120年前(1896年)に制定されたときのままの内容です。

しかしながら、この間に、契約を取り巻く社会・経済の状況は大きく変化しました。

例えば、今日では日常的な取引の多くが**約款**を用いて行われていますが、現行民法には、約款に関する規定は置かれていません。

また、現行民法には一般の**消滅時効期間**とは別に種々の短期消滅時効の規定が設けられていますが、今日の社会ではその合理性が疑問視されています。

さらに、現行民法では、**法定利率**は固定金利で年５％と定められていますが（商法では、商事法定利率について年６％とされています。)、経済情勢の変動とそれに伴う市場金利の低下にもかかわらず、常に５％という固定的な利率を適用するのは合理的ではありません。

このような社会・経済の変化の状況への対応を図ることが必要と考えられています。

(2)　国民一般に分かりやすい民法の実現

現行民法は、約120年前に制定されたもので、専門家向けで分かりにくいところがあります。しかも、制定後約120年の間に、判例等が解釈を通して形成されてきた多くのルールの蓄積がありますが、それらは条文からは直ちには分かりません。

例えば、不動産賃貸借においては、賃貸人に預託する「敷金」は、家賃の滞納分や借主の不注意による修繕の支払いに充て、残りを不動産賃貸借終了時に不動産賃借人に返還することが判例法理でも認められていますが、現行民法にはこのような定めはありません。

また、不動産賃貸借において、特別な合意（特約）がなければ、通常の使用による損耗や経年変化などの修繕は、賃貸人の負担で行うことが判例法理でも認められていますが、現行民法にはこのような定めはありません。

そこで、今回の債権法改正により、確立した法理や判例のルールについては、できるだけこれを明文化し、それによってルールの明確化を図ろうとしています。

2 民法の中における債権法の位置づけ

実務 Point

- **民法は、「財産法」と「家族法」に大きく分けられますが、財産法においては、第1編「総則」のほか、第2編「物権」と第3編「債権」についての定めがあります。**
- **債権法改正は、第3編「債権」のうち、第1章「総則」、第2章「契約」が中心となっています。また、契約に関係が深い第1編「総則」のうち、第5章「法律行為」の規定の見直しも行われています。**

1．民法とは

法律は、「公法」と「私法」に分けられます。「公法」は、国や地方公共団体と国民や住民といった構成員との統治関係を規律する法律です。公法には、憲法、刑法、道路交通法等の行政法、所得税法等の租税法などがあります。

これに対して「私法」は、個人と個人の私的な生活関係を規律する法律です。私法には、民法や商法などがあります。

民法（明治29年法律第89号）は、「財産法」と「家族法」に大きく分けられます。

2．債権法とは

（1） 財産法と家族法

「財産法」は、第1編「総則」、第2編「物権」、第3編「債権」から成ります。これに対して、「家族法」は、第4編「親族」、第5編「相続」から成ります。

財産法（第1編～第3編）のうち、第3編のことを債権法と呼んでいます。

（2） 物権と債権

財産法の第1編「総則」は、民法全体に共通するルールのことです。第2編の「物権」とは、「物に対する支配権」のことであり、所有権、占有権、地上権、抵当権、留置権等があります。

これに対して、「債権」とは、「ある特定の者（債権者）が他の特定の者（債務者）に対して一定の行為を請求することを内容とする権利」のことです。「債権」には、「売買代金請求権」、「金銭の返還請求権」や「債務不履行に基づく損害賠償請求権」などが該当します。

物権と債権

物　権	債　権
物に対する支配権	債権者が債務者に対して一定の行為を請求する権利
例所有権、占有権、地上権、抵当権、留置権等	例売買代金請求権、金銭の返還請求権、債務不履行に基づく損害賠償請求権

「物権」は物を直接に支配する権利で、これが侵害された場合、物権的請求権によりその支配を回復できます（**直接支配性**）。これに対して、「債権」は、債務者に行為を請求する権利であり、物に対しては人（債務者）を介した間接的な支配権しかありません。

また、「物権」は同一物に同じ物権（例えば、所有権）は成立しません（**排他性**。抵当権は同じ物に複数成立しますが、一番抵当権、二番抵当権と権利が異なります。）。これを「**一物一権主義**」といいます。これに対して、「債権」には排他性はなく、例えば、同じ物に対して二重売買が成立し得ます。

「物権」は、すべての人に支配を主張できる絶対的権利で、物に対して直接侵害する者に対しては誰であってもその権利を主張できます（**絶対性**）。これに対して、「債権」は、債務者に対してのみ主張できる相対的権利です。

もっとも、不動産賃貸借契約に基づく賃借権は、物権に近いものであり、また、借地借家法等により権利が強化されており、対抗要件を具備した場合には、「直接支配性」、「排他性」、「絶対性」が認められる場合があります。

物権と債権の特徴

	物　権	債　権
直接支配性	物を直接支配する権利	債務者に行為を請求する権利（物に対する支配は間接的）
排他性	排他性あり（同一物に同じ物権は成立しない） 【一物一権主義】	排他性なし（同一物に対して複数の債権が成立し得る）
絶対性	誰に対しても主張できる絶対的権利	債務者に対してのみ主張できる相対的権利

（3）　改正に係る規定

今回の債権法の改正は、第３編「債権」のうち、第１章「総則」、第２章「契約」が中心となっています。また、契約に関係が深い第１編「総則」のうち、第５章「法律行為」の規定の見直しも行われています。

3 債権法改正の概要

実務 Point

✐「定型約款に関する規律の新設」、「瑕疵担保責任の廃止と契約内容適合性の重視」、「消滅時効制度の見直し」、「法定利率の見直し」、「保証制度の見直し」、「不動産賃貸借契約における敷金返還と原状回復」などの改正がなされます。

1．定型約款に関する規律の新設

現行民法には、約款に関する規定は存在しません。しかし、現代社会において、約款は、市民生活にも関わる幅広い取引において利用されており、大量の取引を合理的、効率的に行うための手段として重要な意義を有しています。

すなわち、契約の種類・性質によっては、締結すべき契約の内容の詳細にまでわたって個々的に検討し、労力を費やして交渉することは効率が悪いため、あらかじめ「約款」の形でその細目を定めておき、これを多数の取引を画一的に処理することが、当事者双方にとって合理的かつ効率的である場合があります。

他方、このような約款を用いた契約においては、①約款の内容を相手方が十分に認識しないまま契約を締結することが少なくないことや、②個別条項についての交渉がされないことなどから、相手方の利益が害される場合があるのではないかといった問題が指摘されています（いわゆる約款の隠蔽効果）。

消費者契約法には、消費者契約における消費者に不当な内容の契約条項(不当条項)を無効とする規定があります。しかし、消費者契約法は、「約款」という取引形態に即したものではなく、約款が契約の内容になるための要件（組入要件）など、約款特有の問題については定めていません。また、約款は事業者間取引でも用いられていることがありますが、消費者契約法は、消費者と事業者との間の契約にしか適用されません。

そこで、今回の改正で、定型約款に関する新たな規定を民法に設けました（改正548条の2～548条の4）。まず「定型約款」の概念（要件）を設け、定型約款が契約の内容になるための要件（組入要件）、定型約款の内容の表示（開示）に関するルール、不当条項・不意打ち条項規制に関するルール、定型約款を相手方との合意なく変更するための要件について定めました。詳細は本章7節で説明します。

2．瑕疵担保責任の廃止・契約内容適合性の重視

現行民法においても、購入した商品に契約に反する不具合があった場合、買主は売主に対して権利を主張することはできます。

この点、建物や、中古車など、個性に着目した物（特定物）を購入した後に、目的物に不具合が見つかった場合、買主は、瑕疵担保責任により、「隠れたる瑕疵」があり、契約の目的が達成できない場合には、解除及び損害賠償請求が認められています（契約目的が達成できる場合は損害賠償請求のみに限ります。現570条、現566条）。しかし、修理や交換などの「追完請求」や「代金減額請求」については、契約書で別途規定しない限り認められていません。

改正民法では、瑕疵担保責任は廃止され、引き渡された目的物が、種類、品質又は数量に関して、「契約の内容に適合」しているかどうかが問題となります（改正562条）。そして、救済手段としては、損害賠償（改正415条）、解除（改正541条、改正542条）のほか、追完請求（改正562条）及び代金減額請求（改正564条）が認められることになり、その要件も明確化されました。

さらに、これらの規定は、請負等の他の契約にも準用されることにな

ります（改正559条）。

3．消滅時効制度の見直し

現行民法では、債権の消滅時効の期間について、権利を行使することができるときから10年としながら、医療機関の診療費は３年、弁護士費用は２年、旅館や飲食店の代金は１年と職業別に短期の時効期間が定められ、さらに、商事債権の消滅時効については５年と、複雑かつ今日の社会では合理性も見出し難いものとなっております。

そこで、今回の改正では、債権の原則的な時効期間が整理され、債権者が権利を行使することができることを知った時（主観的起算点）から５年、権利を行使することができる時（客観的起算点）から10年で統一されました（改正166条１項１号・２号）。これにより、職業別短期消滅時効や商事債権の消滅時効は廃止されます。

4．法定利率の見直し

現在の法定利率は、年5%の固定金利ですが、低金利時代において高過ぎるとの意見が多くありました。

改正により、年5%の固定金利の法定利率は廃止され、改正法施行当初の法定利率は年3%となりますが、３年を１期として、変動するように定められました。変動方法の詳細については、今後、法務省令で決定されますが、日銀公表「貸出約定平均金利」の過去５年分の平均値を基準として１％以上の増減が発生した場合には、法定利率もそれに応じて１％単位で増減する仕組みが導入されます。

また、商事法定利率（年6%）は廃止され、民法の法定利率に統合されます。

なお、金銭の給付を目的とする債務不履行の損害賠償額は、債務者が遅滞の責任を負った最初の時点の法定利率によることとされました（約定利率を定め法定利率を超える場合を除きます。改正419条）。

ただし、改正民法の施行日前に利息が生じた場合におけるその利息を生ずべき債権に係る法定利率は、従前の法定利率（年５％）によることになります。

５．保証制度の見直し

事業を営んでいる親族からの依頼により、連帯保証をした場合、その事業が破綻してしまうと親族すべてが破産してしまうこともあり得ます。保証人になったことで大きな損害を被ってしまったという話もよくあります。そのような被害を少なくするように、今回の改正では、個人保証に関して以下のような改正がなされました。

まず、企業向け融資について、主たる債務者と一定の関係にある者（取締役や執行役等の経営者、大株主、同社に籍を置く配偶者など）以外の第三者が連帯保証人になる場合には、保証契約締結１ヵ月以内に**公正証書による保証人となる意思表示を明示**することが必要となります（改正465条の６第１項・３項）。

次に、保証契約締結時、主たる債務の履行時、主たる債務が期限の利益を喪失した場合における保証人に対して**一定の情報提供**をすることが必要となります（改正465条の10、改正458条の２、改正458条の３）。

また、個人根保証については、現行民法では貸金等債務については極度額の定めがない場合には無効とされますが、改正民法では、貸金等債務に限られず、個人の根保証一般について、**極度額の定め**が設けられます（改正465条の２第１項）。

さらに、現行民法では、連帯保証人に対する履行の請求をすれば、主債務者に対しても時効中断効や履行遅滞の効力が生じます（「請求の絶対効」といいます。現458条・現434条）が、改正民法では、連帯保証人に対する履行の請求をしても、主債務者に対しても時効中断効や履行遅滞の効力が生じない（「**請求の相対効**」といいます。改正458条、改正441条）こととなります。

６．不動産賃貸借契約における敷金返還と原状回復

債権法改正の「国民一般に分かりやすい民法の実現」という観点から、不動産賃貸借契約における「敷金」及び「賃借人の原状回復」に関する判例法理に基づく規律が明文化されました。

敷金に関しては、賃貸人は、①賃貸借が終了し、かつ、賃貸物の返還を受けたとき、又は、②賃借人が適法に賃借権を譲り渡したときは、賃借人に対し、その受け取った敷金の額から賃貸借に基づいて生じた賃借人の賃貸人に対する金銭の給付を目的とする債務の額を控除した残額を返還しなければならないことが明文化されました（改正622条の２第１項）。

賃貸借における原状回復義務に関しては、判例の考えに基づき、賃借物の損耗及び経年変化が賃借人の原状回復義務の対象とならないことが明確化されました（改正621条）。

4 改正民法の施行日・経過措置

実務 Point

- **改正民法の規定は、原則として、2020年（平成32年）4月1日から施行されます。**
- **改正法の附則においては、経過措置が定められていますが、原則、施行日前に発生・変動・締結（施行日前の法律原因に基づき発生・変動し、施行日後に発生・変動する場合を含みます）する場合は、施行日前の現行法が適用されます。**

1．施行日

改正民法の規定は、2020年（平成32年）4月1日から施行されます（改正附則1条本文、施行期日政令）。

定型約款の規律（改正548条の2～548条の4）に関しては、当事者の一方が施行日前までに反対の意思表示をすれば適用されません（改正附則33条3項）が、この反対の意思表示は、2018年（平成30年）4月1日から施行日の前日である2020年（平成32年）3月31日までにすることができます（改正附則1条2号、施行期日政令）。反対の意思表示がなければ、施行日前に締結された定型取引に係る契約に遡及適用されます。

企業向け融資について、主たる債務者と一定の関係にある者（取締役や執行役等の経営者、大株主、同社に籍を置く配偶者など）以外の第三者が連帯保証人になる場合には、保証契約締結1ヵ月以内に公正証書による保証人となる意思表示を明示することが必要です。この公正証書の作成の嘱託は施行日前にもできますが、2020年（平成32年）3月1日以降になされなければなりません（改正附則１条３号、施行期日政令）。

２．経過措置

改正法の附則（改正法附則２条～36条）においては、経過措置が定められていますが、基本は、施行日前に発生・変動・締結（施行日前の法律原因に基づき発生・変動し、施行日後に発生・変動する場合を含みます。）する場合は、施行日前の現行法が適用されます。

ただし、定型約款に関する規定は、施行日前に締結された定型取引についても適用されます（改正法附則33条１項）。

また、更新後の賃貸借の存続期間については、現行民法では最長20年間とされているところ、改正後は最長50年間となりますが、最長50年間の存続期間は、改正民法の施行日前に賃貸借契約が締結された場合において施行日以後にその契約の更新に係る合意がされるときにも適用されます（改正法附則34条２項）。

さらに、不動産の賃借人による妨害の停止の請求等について定める改正605条の４の規定は、施行日前に不動産の賃貸借契約が締結された場合において施行日以後にその不動産の占有を第三者が妨害し、又はその不動産を第三者が占有しているときにも適用されます（改正法附則34条３項）。

5 債務不履行に基づく損害賠償

実務 Point

- **改正により、債務不履行に基づく損害賠償については、債務者の帰責事由（債務者の責めに帰する事由）の有無について、「契約その他の債務の発生原因及び取引上の社会通念に照らして」判断されることになります。**
- **現在の法定利率は、年5%の固定金利ですが、改正により、年5%の固定金利の法定利率は廃止され、改正法施行当初の法定利率は年3%となりますが、3年を1期として、変動するように定められています。**

1．債務不履行に基づく損害賠償とは

「債務不履行に基づく損害賠償」とは、何らかの契約（売買契約や賃貸借契約など）があり、この契約に基づく約束（債務）を履行しなかったという場合に生じる損害賠償です。契約責任や契約不履行と呼ぶこともあります。

これに対して、特に契約などがない関係において、違法性のある行為自体によって生じるのが「不法行為に基づく損害賠償」です。

債務不履行には、**履行遅滞**（履行が可能であるのに履行期を徒過した場合）、**履行不能**（契約時は履行可能であったが、その後に履行が不可能になった場合）、**不完全履行**（履行はあったものの、給付が不完全な場合）の３類型があります。

債務不履行に基づく損害賠償については、415条において定められて

います。

なお、債務不履行に係る帰責事由（債務者の責めに帰する事由）が債務者にないことの立証責任は債務者が負います。

2．改正内容①：債務不履行に基づく損害賠償（改正415条）

大きな改正点は、上記1で説明をした債務者の帰責事由（債務者の責めに帰する事由）の有無について、「契約その他の債務の発生原因及び取引上の社会通念に照らして」判断されることとされた点です（改正415条1項ただし書）。

現行民法では帰責事由について「故意・過失又は信義則上これと同視すべき事由」により判断されることとされています。これは「過失責任主義」とも呼ばれます。

これが改正により、契約の内容のみならず、契約の性質、当事者が契約をした目的、契約の締結に至る経緯をはじめとする契約をめぐる一切の事情を考慮し、また、取引上の社会通念も考慮して、帰責事由の有無が判断されることになります。すなわち、従来の過失責任主義ではなくなります。これにより、契約書の内容が重要となりますが、「契約書の内容」だけではなく、「取引上の社会通念」も同様に重視されますので、これまでの過失責任主義における帰責事由の判断から大きくは変わらないでしょう。

3．改正内容②：法定利率（改正404条）

もう一つの大きな改正点は、法定利率の変更です。

現在の法定利率は、年5%の固定金利ですが、低金利時代において高過ぎるとの意見が多くありました。

改正により、年5%の固定金利の法定利率は廃止され、改正民法施行当初の法定利率は年3%となりますが、3年を1期として、変動するように定められました。変動方法の詳細については、今後、法務省令で決定されますが、日銀公表「貸出約定平均金利」の過去5年分の平均値を基準として１％以上の増減が発生した場合には、法定利率もそれに応じて１％単位で増減する仕組みが導入されます。

また、商事法定利率（年6%）は廃止され、民法の法定利率に統合されます。

なお、金銭の給付を目的とする債務不履行の損害賠償額は、債務者が遅滞の責任を負った最初の時点の法定利率によることとされました（約定利率を定め法定利率を超える場合を除きます。改正419条）。

ただし、改正民法の施行日前に利息が生じた場合におけるその利息を生ずべき債権に係る法定利率は、従前の法定利率（年5%）によることになります。

４．そのほかの改正

(1)　損害賠償の範囲（改正416条）

損害賠償の範囲（改正416条）の特別損害（通常生ずべき損害ではなく特別の事情によって生じた損害）については、「予見し、又は予見することができた」が「予見すべきであった」に改められました。当事者が現実に予見することが可能であったか否かではなく、債務者が予見すべきであったか否かという規範的な評価を問題とすることとされました。実務上の影響はあまりないと考えられます。

(2)　過失相殺（改正418条）

過失相殺（改正418条）に関しては、「債務の不履行に関して債権者に過失があったとき」が「債務の不履行又はこれによる損害の発生若しくは拡大に関して債権者に過失があったとき」と改められました。これは、従来の判例で認められている損害軽減義務的な要素を明確化したものです。実務上の影響はあまりないと考えられます。

(3)　中間利息の控除（改正417条の2）

また、将来において取得すべき利益（例えば、交通事故で死亡した者に係る逸失利益などです。）についての損害賠償の額を定める場合、その利益を取得すべき時までの利息相当額を控除するときは、その損害賠償の請求権が生じた時点における法定利率により、控除することになりました（改正417条の2。中間利息の控除）。これも判例法理の明確化であり、実務上の影響はありません。

1章 共通
2章 預金取引・管理
3章 貸出・管理・回収
4章 為替・手形交換・付随業務・渉外
5章 担保・保証

6 契約の解除・危険負担

実務 Point

- **「契約解除」については、債務不履行について債務者に帰責事由がない場合でも催告解除や無催告解除が可能になります。**
- **催告解除については、履行遅滞の場合であっても「債務の不履行がその契約及び取引上の社会通念に照らして軽微であるとき」は契約の解除ができなくなります。**
- **無催告解除については、「契約目的が達成できるか否か」により判断されることになります。**

1．契約の解除

（1）　契約の解除の意義

「契約の解除」とは、契約の相手方に「債務不履行」がある場合、すなわち、①契約の履行を期限までにしない場合（**履行遅滞**）、② 契約の履行の全部又は一部が不能となった場合（**履行不能**）、③契約の履行はしたがそれが不完全な場合（**不完全履行**）などに、相手方に対する意思表示により契約関係を解消する制度です。

相当の期間を定めて催告をしたうえで解除をする「**催告解除**」と、催告なしに解除をする「**無催告解除**」とがあります。

（2）　改正内容①：帰責事由が不要に（解除制度の考え方の転換）

現行民法において、債務不履行による契約解除は、「**債務者に対して債務不履行の責任を追及するための制度**」と考えられているため、債務者（契約の相手方）の帰責事由（故意・過失又は信義則上これと同視すべき事由）があることが要件となっています。

すなわち、相手方の故意や過失なしに、すなわち、不可抗力などで履行遅滞や履行不能となった場合には、契約の解除はできません。

改正により、債務不履行による契約解除は、**『債権者に対して契約の拘束力から解放を認めるための制度』**であると位置づけられます。これにより、**債務不履行について債務者に帰責事由がない場合でも催告解除や無催告解除が可能**になります。

ただし、当然のことですが、債権者側に帰責事由がある場合には、債権者による契約解除はできません。

（3） 改正内容②：催告解除において軽微解除ができないことに

催告解除においては、契約の当事者の一方がその債務を履行しない場合において、相手方が相当の期間を定めてその履行の催告をし、その期間内に履行がないときは、相手方は、契約の解除をすることができます。

なお、改正により、履行遅滞の場合であっても**「債務の不履行がその契約及び取引上の社会通念に照らして軽微であるとき」は契約の解除ができなくなります**。これは、判例において認められていた考え方を明確化したものです。

（4） 改正内容③：無催告解除は契約目的が達成できないことが必要に

無催告解除とは、債権者（契約の当事者）が、相手方に催告をすることなく、直ちに契約の解除をすることができる場合です。

無催告解除ができるのは、以下のような場合です。

❶全部履行不能

……債務の全部の履行が不能であるとき

❷確定的履行拒絶

……債務者がその債務の全部の履行を拒絶する意思を明確に表示したとき

❸一部履行不能の場合で**残部では契約目的が達成できない場合**
……債務の一部の履行が不能であるときの場合で、残部では契約目的が達成できない場合
確定的一部履行拒絶の場合で**残部では契約目的が達成できない場合**
……債務者がその債務の一部の履行を拒絶する意思を明確に表示したときの場合で、残部では契約目的が達成できない場合
❹定期行為の債務不履行
……特定の日時又は一定の期間内に履行をしなければ契約をした目的を達することができない場合の債務不履行
❺その他債務者がその債務の履行をせず、債権者が**催告をしても契約をした目的を達するのに足りる履行がされる見込みがないことが明らかである場合**

なお、上記**❸一部履行不能・確定的一部履行拒絶**の場合は、契約の一**部を無催告解除できます**。いずれも、「契約目的が達成できるか否か」が判断基準となります。

（5）　催告解除と無催告解除の関係

改正により、催告解除は、「**不履行が軽微か否か**」が基準となるのに対して、無催告解除は「**契約目的が達成できるか否か**」が基準となります。

下表のとおり、催告解除はできる（**不履行は軽微ではない**）が無催告解除はできない（**契約目的は達成できる**）という場合があることに留意が必要です。

催告解除と無催告解除の関係

催告解除	不履行が軽微ではない （催告解除可能）		不履行が軽微 （催告解除は不可）
無催告解除	契約目的が達成できない （無催告解除可能）		契約目的は達成できる （無催告解除不可）

催告解除はできる（不履行が軽微ではない）
が無催告解除は不可（契約目的は達成できる）。

（6） 規定例

契約の解除に関する規定は、以下のとおり、無催告解除について規定している場合が多くなります。改正後も、下記のような場合には、「契約目的が達成できない」と考えられるので、契約条項の変更は特に必要ないと考えられます。

契約解除の規定の例

（契約解除等）

第○条　本契約の規定にかかわらず、下記各号のいずれかの事態が発生した場合、甲又は乙は本契約の全部又は一部を直ちに解除できるものとする。また、この解除の如何にかかわらず、相手方は甲又は乙に生じた損害を賠償するものとする。

（1） 相手方の営業又は業態が公序良俗に反すると甲が判断した場合

（2） 相手方が監督官庁から営業の取消又は停止処分を受けた場合

（3） 相手方が自ら振出し若しくは引受けた手形又は小切手につき不渡処分を受ける等支払停止状態に至った場合

（4） 相手方が差押、仮差押、仮処分、租税滞納処分を受け、又は民事再生手続の開始、会社更生手続の開始、破産その他これに類似する倒産手続の開始、若しくは競売を申立てられ、又は民事再生手続の開始、会社更生手続の開始若しくは破産その他これに類似する倒産手続の申立を自らした場合

（5）その他相手方の経営状態が悪化し又はそのおそれがあると認められる相当の事由がある場合

（6）相手方（相手方の社員・従業員を含む。以下本号、次号において同じ。）が、暴力団員等に該当した場合、又は次の1～5のいずれかに該当した場合

1．暴力団員等が経営を支配していると認められる関係を有すること
2．暴力団員等が経営に実質的に関与していると認められる関係を有すること
3．自己、自社若しくは第三者の不正の利益を図る目的又は第三者に損害を加える目的をもってするなど、不当に暴力団員等を利用していると認められる関係を有すること
4．暴力団員等に対して資金等を提供し、又は便宜を供与するなどの関与をしていると認められる関係を有すること
5．役員又は経営に実質的に関与している者が暴力団員等と社会的に非難されるべき関係を有すること

（7）相手方が、自ら又は第三者を利用して、次の1～5のいずれかに該当する行為をした場合

1．暴力的な要求行為
2．法的な責任を超えた不当な要求行為
3．取引に関して、脅迫的な言動をし、又は暴力を用いる行為
4．風説を流布し、偽計を用い又は威力を用いて甲の信用を毀損し、又は甲の業務を妨害する行為
5．その他1～4に準ずる行為

（8）相手方が本契約に違反し、合理的な期間内に是正しない場合

2．危険負担

（1）　危険負担の意義

「危険負担」とは、双務契約において、債務者の帰責事由なしに契約が履行不能となった場合に、反対債務が存続するか否かを定める制度で

す。債務者の帰責事由なしに履行不能となった場合には、反対債務は存続する（債権者が危険を負担する）という考え方を「**債権者主義**」といいます。これに対して、反対債務は消滅するという考え方を「**債務者主義**」といいます。

例えば、歌手Ｘが興業企画会社Ｙ社との間で、同社の手配したホールでコンサートに出演し、歌を歌うという役務を提供する契約を締結したところ、同ホールがＹ社と無関係の事由により火事で滅失してしまった場合に、Ｙ社は歌手Ｘに対して役務提供の対価となる出演料を支払う必要があるかという問題です。

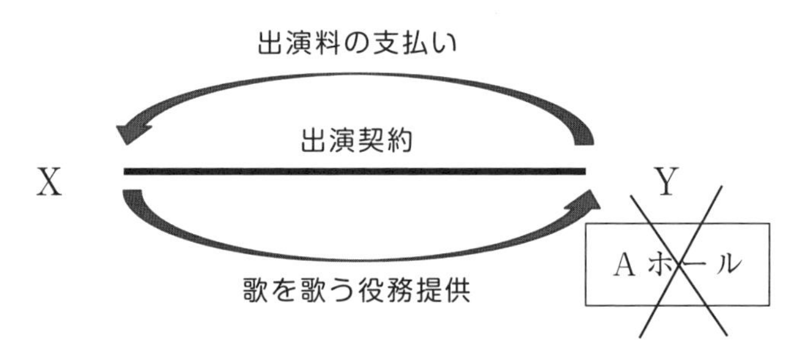

この場合に、「歌手ＸのＹ社に対するＡホールにおいて歌を歌う役務提供債務」が滅失することに伴い、「Ｙ社の歌手Ｘに対する出演料支払債務」も滅失し、Ｙ社は歌手Ｘに対して出演料を支払わなくてもよいとの考え方が「**債務者主義**」です。一方、この場合であってもＹ社は歌手Ｘに対して出演料を支払わなければならないという考え方が「**債権者主義**」です。

一方の債務が帰責事由なしに消滅した場合に、反対債務も消滅するという「**債務者主義**」の方が当事者間の公平に資する考え方といえます。

（2） 改正内容①：特定物の給付についての債権者主義の廃止

現行民法においても、危険負担の考え方は当事者間の公平の観点から「**債務者主義**」が基本ですが、「特定物に関する物権の設定又は移転を双務契約の目的とした場合」には「**債権者主義**」がとられています。

「**特定物**」とは「**具体的な取引に際して、当事者がその物の個性に着目して指定した物**」のことです。そうでない物のことを「**不特定物**」といいます。

例えば、「Aさんの倉庫にある残り10キログラムのコシヒカリ」は特定物ですが、「コシヒカリ10キログラム」は不特定物です。BさんがAさんとの間で、「Aさんの倉庫にある残り10キログラムのコシヒカリ」を買う契約をした場合であって、同倉庫がAさんの帰責事由なしに失火により滅失し、同倉庫内の「コシヒカリ10キログラム」も滅失した場合に、現行民法では債権者主義が適用され、Bさんが依然として代金を支払わなければならないことになりますが、これは明らかに当事者間の公平に反すると考えられます。

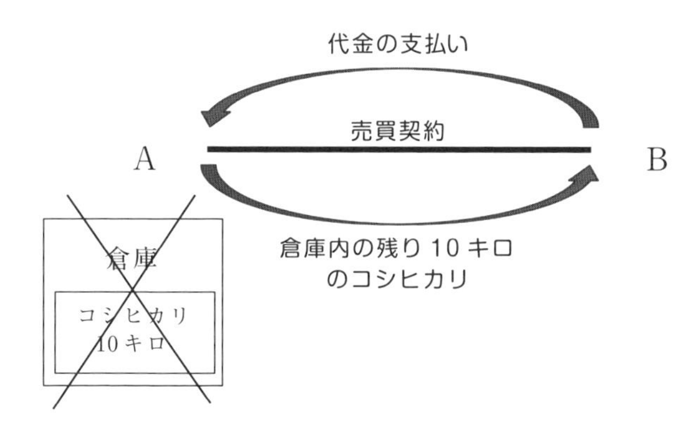

改正民法では、債権者主義が廃止され「**債務者主義**」に統一されます。すなわち、上記の例においてBさんは代金を支払う必要はなくなります。

(3)　改正内容②：解除制度との調整

上記**1**(**2**)「帰責事由が不要に（解除制度の考え方の転換）」で説明したとおり、改正により、債務不履行による契約の解除のために、債務者の帰責事由は不要となります。この結果、「契約の解除」と「危険負担」が同じ場面で適用されることになります。

改正民法においては、当事者の帰責事由なく債務が履行不能となった場合、契約関係は当然に消滅するのではなく、債権者は反対債務の履行を拒むことができるだけとなります。そのうえで、契約関係を解消したい場合は、債権者が契約の解除の意思表示をすることが必要となります。

上記**2（1）**のＹ社と歌手Ｘの例では、Ｙ社は歌手Ｘからの出演料の請求を拒むことができますが、出演契約は当然には消滅しないので、出演契約を解消するためには契約解除の意思表示をしなければなりません。

また上記**2（2）**のＡさんとＢさんの例においても、ＢさんはＡさんからの代金請求を拒むことができますが、売買契約は当然には消滅しないので、売買契約を解消するためには契約解除の意思表示をする必要があります。

（4） 契約書の規定の工夫

現行民法において、特定物の給付の危険負担は債権者主義となっていますが、当事者間の公平に反するので、実務上、売買契約書においては、下記のように目的物の引渡しなどで物権が移転した時点をもって債権者に危険移転する規定とし、債権者主義を制限的に適用する場合が多くなります。

現行法のもとでの危険負担の規定

（危険負担）
第○条　甲又は乙の責めに帰すべき事由以外の事由による本件商品の滅失、毀損その他の損害は、納品のときをもって区分し、納品のときまでは甲の、納品以後については乙の負担とする。

改正により、特定物の給付も債務者主義となりますが、目的物が相手方に給付された後は債権者主義となることについて当事者間の公平の観点から異論はないでしょう。

また、解除制度との調整を図るため、規定上は下記のとおり変更することが考えられます。

改正民法に則した危険負担の規定

（危険負担）

第〇条　甲又は乙の責めに帰すべき事由以外の事由による本件商品の滅失、毀損その他の損害は、納品のときをもって区分し、納品のときまで乙は甲に対する代金の支払いを拒むことができる。

7 定型約款

実務 Point

✐改正民法では、定型約款の定義が定められるとともに、みなし合意の効力が認められるための組入要件が定められています。また、不当条項と不意打ち条項を規制するため、みなし合意の効力が認められない場合について定めています。

✐さらに、定型約款の内容の表示に係る相手方の請求権や定型約款の変更について定められています。

1．現行民法における約款をめぐる問題

1章3節で説明したとおり、現行民法には、約款に関する規定は存在せず、今回の改正によって、定型約款に関する規定が設けられました（改正548条の2～548条の4）。

現代社会において、約款は、鉄道、バス、航空機等の運送約款、各種の保険約款等、市民生活にもかかわる幅広い取引において利用されており、大量の取引を合理的、効率的に行うための手段として重要な意義を有しています。

しかし、このような約款を用いた契約においては、①相手方は、極めて多数にわたることのある約款の条項について、その内容を理解し吟味するだけの注意を向けることが難しいため、個別の条項の意味を十分に認識しないまま契約を締結する事態が生じ得ること（いわゆる隠蔽効果といわれる問題）や、②実質的な交渉が行われにくいことから、契約を締結するかしないかの選択が存在するのみになっている等の問題点があ

ると指摘されています。

このような問題が生ずる約款を特徴づけている要素としては、**個別の契約ごとの調整を予定せず、多数の取引に画一的に用いられる定型的な契約条項として用意されていること**が指摘されています。つまり、多数の取引に画一的に用いられる定型的な条項であるからこそ、大量の取引を合理的・効率的に行うことが可能となるのであり、特定の取引のみを例外扱いすることは交渉コストを増加させ、約款の有用性の否定につながるといわれています。そのため、規律の対象とすべき約款について考える際には、多数の取引に画一的に用いられることを予定し、定型的な契約条項となっているものかどうかが、重要な要素になるでしょう。

2．改正の概要

「約款」とは、一般的には、当事者が画一的な契約の内容を定めることを期待して準備した契約条項の総体のことをいいます。

現行民法において約款に関する規定はなかったものの、改正民法においては、「第２章契約」「第１節総則」の中に、新たに「第５款定型約款」の項目が設けられ、**548条の２～548条の４**の３箇条が新設されました。

548条の２第１項では、定型約款の定義が定められるとともに、みなし合意の効力が認められるための**組入要件**が定められています。この組入要件の関係では、一部の特別法による手当もされています。また、548条の２第２項では、不当条項と不意打ち条項を規制するため、みなし合意の効力が認められない場合について定めています。

548条の３では、定型約款の内容の表示に係る相手方の請求権について定められています。

548条の４では、定型約款の変更について定められています。

なお、**経過措置**において、これらの**定型約款に関する改正民法の規定は**、反対の意思表示がされた場合を除き、**施行日前に締結された定型取引に係る契約についても適用される**こととされています。

3．「定型約款」の定義

「定型約款」の定義については、改正民法548条の2第1項に定義されています。これを要件として分けてみると、以下のとおりとなります。

定型約款の要件

1．「定型取引」（下記①②の要件を充たす取引）に用いられていること
　①不特定多数の者を相手方として行う取引であること
　　（不特定多数要件）
　②その内容の全部又は一部が画一的であることがその双方にとって合理的なものであること（画一性要件）
2．契約の内容とすることを目的としてその特定の者により準備され条項の総体であること（目的要件）

（1）　不特定多数要件

「不特定多数の者を相手方として行う取引であること」（不特定多数要件）が定型取引の要件とされたのは、**相手方の個性に着目した取引は定型約款に該当しない**ことを明確にするためであるといわれています。

例えば、労働契約は、相手方の個性に着目して締結されるものであり、この要件を充足しないため、労働契約において利用される契約書のひな型は定型約款に含まれないことがより明瞭になるものと考えられます。

なお、一定の集団に属する者との間で行う取引であれば直ちに「不特定多数の者を相手方とする取引」に該当しないというわけではなく、相手方の個性に着目せずに行う取引であれば不特定多数要件を充足し得ます。

（2）　画一性要件

「その内容の全部又は一部が画一的であることがその双方にとって合理的なもの」（画一性要件）とは、①多数の相手方に対して同一の内容で契約を締結することが通常であり、②相手方が交渉を行わず一方当事者

が準備した契約条項の総体をそのまま受け入れて契約の締結に至ることが取引通念に照らして合理的である取引を意味します。

②については、当事者の一方における主観的な利便性などだけではなく、その取引の客観的態様（多数の顧客が存在するか、契約の締結は契約条件の交渉権限を与えられていない代理店等を通じて行われるか、契約締結に当たってどの程度の時間をかけることが想定されるかなど）を踏まえつつ、その取引が一般的にどのようなものと捉えられているかといった一般的な認識を考慮して、相手方が交渉を行わず一方当事者が準備した契約条項の総体をそのまま受け入れて契約の締結に至ることが合理的といえる場合を指します。

例えば、事業者間の契約であっても、ある企業が一般に普及しているワープロ用のソフトウェアを購入する場合には、ソフトウェア会社が準備した契約条項の総体はこの画一性要件を充たすと考えられます。他方、例えばある企業が製品の原料取引契約を多数の取引先企業との間で締結する場合には、画一的であることが通常とまではいえない場合も多いと考えられますし、仮に当該企業が準備した基本取引約款に基づいて同じ内容の契約が多数の相手方との間で締結されることがほとんどである場合であっても、契約内容に関して交渉が行われることが想定されるものである限り、相手方がその変更を求めずに契約を締結することが取引通念に照らして合理的とは言い難く、画一性要件は充たさないと考えられます。

（3）　目的要件

「契約の内容とすることを目的」とは、当該定型約款を契約内容に組み入れることを目的とするという意味です。

契約のひな型やたたき台など、当該取引においては、通常の契約内容を十分に吟味し、交渉するのが通常であるといえる場合は、「契約の内容とすることを目的」にしているといえないため、定型約款に当たらないことになると考えられます。

（4） 個別合意と定型約款該当性

画一性要件においては、取引の内容の「全部」が画一的であることが合理的である場合に限られず、取引の内容の「一部」が画一的であることが合理的である場合も含まれています。

すなわち、定型約款の一部について別段の合意が成立することはあり得るところ、このように個別交渉した結果として別段の合意をした条項（個別合意条項）については、画一性要件を充たさず、定型約款の規律が適用されないことになります（その他の条項が定型約款に該当することに影響を与えるものではありません。）。

（5） 定型約款に該当することの影響

定型約款に該当する場合には、定型約款に関する規律が適用されることになるため、組入要件を充たせば個別の条項についても合意をしたものとみなされます（改正548条の2第1項）。定型約款準備者である事業者にとって、定型約款に該当する場合に適用されることになる改正民法の規律のうち特に関心が強いのは、①**不当条項・不意打ち条項に当たる場合には個別の条項に係るみなし合意の効力が否定されること**（同項2項）、及び②**定型約款の変更により、個別に相手方と合意をすることなく一方的な変更が認められること**になることでしょう（改正548条の4）。

定型約款準備者の中には、不当条項規制・不意打ち条項規制（改正548条の2第2項）の適用をおそれて、定型約款に該当すると実務に支障をきたすと考える事業者もいるでしょう。この点、対消費者の契約（B to C）に関しては、これまでも消費者契約法上の不当条項規制が適用されることから、既に不当条項チェックが行われていると思われますが、後述のとおり、548条の2第2項には不意打ち条項規制という趣旨も兼ねられていることから、消費者契約法とは異なる観点からのチェックが必要になるとも考えられます。

他方で、対消費者の約款取引については、相手方が膨大な数にのぼることも多いため、定型約款準備者である事業者にとっては、個別に相手方と合意をすることなく一方的な変更をするニーズがある場合も多く、定型約款の変更（改正548条の4）の規定が適用できることにより、このようなニーズに対応できるようになるというメリットもあります。

これに対して、事業者間契約（B to B）については、消費者契約法上の不当条項規制は適用されないため、これまでは、公序良俗違反（90条）等に当たらない限り、個別の条項の内容によってその効力が否定されるリスクはさほど想定されておらず、必ずしも十分な不当条項チェックが行われてきたとは限らないでしょう。したがって、定型約款に該当することにより、不当条項規制・不意打ち条項規制（改正548条の2第2項）が適用されると、これまでの実務の変更を余儀なくされる可能性も否定はできません。他方、事業者間契約においては、契約内容を変更する場合には個別に相手方と合意をしていることが多く、一方的な変更をするニーズは必ずしも高くないため、定型約款の変更（改正548条の4）の規定が適用されることによるメリットもないという場合も少なくないでしょう。一般に、事業者にとって、事業者間契約が定型約款に該当することは好ましくないと考えられる風潮にあるのも、このような事情によるものと思われます。

(6)　定型約款該当性

①　預金規定

預金規定は、以下のとおり定型約款の要件を充たすため、定型約款に該当するものと考えられます。

(i)　預金取引は、銀行が不特定多数の顧客を対象として行う取引であるため、**不特定多数要件を充たす**ものと考えられます。この点、預金契約の締結の際には顧客が反社会的勢力に該当しないかチェックをしますが、このような画一的な基準で審査をしているに過ぎない場合には、相手方の個性に着目した取引であるとはいえないと考えられます。

(ii)　預金取引のように大量の取引が予定されているものについては、

画一的な取引とすることにより、銀行にとっては事務の定型化による正確性・迅速性の確保やコスト低減を図ることができ、顧客にとっては、正確かつ迅速なサービスを平等かつ低額で利用できるというメリットを享受することができ、双方にとって合理的であるといえるため、**画一性要件を充たす**ものと考えられます。

（iii）預金規定は、顧客が個別の条項の内容を逐一検討していなくても、契約の内容とすることを目的として準備されたものといえるため、**目的要件を充たす**ものと考えられます。

② 銀行取引約定書

銀行取引約定書については、定型約款に該当すると考える見解と該当しないとする見解に分かれていますが、以下のとおり、定型約款には該当しないものと考えられます。

（i）銀行取引約定書は、定性・定量にわたる総合的な審査を経て締結されるものであることから相手方の個性に着目した取引であり、不特定多数要件を充たさないとする見解があります。銀行取引を開始するに当たっての審査は、前述した保険約款や消費者ローン等における審査と同等の画一的な基準によるものとはいえないでしょう。

（ii）銀行取引約定書は、原則として同一内容にて締結されるものの、一方で契約締結交渉過程において修正交渉の申入れがあることや、さらには実際に修正に応じることもあることから、画一性要件を欠くとする見解があります。具体的には、いわゆる治癒条項（当然失期事由や請求失期事由につき、例えば、仮差押えであれば30日の治癒期間を設けてその間に治癒すれば当該事由は生じなかったことになるというもの）を入れて欲しいという要求や、危険負担を平等にして欲しいといった要求もあるようです。また、銀行取引約定書も、事業者間取引における取引基本契約書のひな形として位置づけられるものと思われ、上記３（３）におけるのと同様の考え方が当てはまるのが通常であると考えられます。すなわち、実際に修正されることがレアケースであったとしても、契約内容が画一的である理由が単なる交渉力の格差によるものであるときには、契約内容が画一的であることは相手方にとっては合理的とはいえません。銀行取引については、その内容が画一的であることが相手方にとって合理的であるという実態は想定し難いように思われます。

（iii）顧客は、所要の説明を受けて、内容を確認したうえで、銀行取引約定書書面に記名押印を行うのが実務であり、契約内容を十分に吟味するのが通常であるといえるため、目的要件も欠くと考えられます。一般に、銀行は顧客向けに銀行取引約定書の逐条解説書を交付するようにしているともいわれています。

４．みなし合意の要件（改正548条の２第１項）

（１）　概要

定型取引合意をした者は、以下のいずれかの要件を充たした場合には、個別の条項についても合意をしたものとみなされます（改正548条の２第１項１号・２号）。

みなし合意の要件

① 定型約款を契約の内容とする旨の合意をしたとき
② 定型約款準備者があらかじめその定型約款を契約の内容とする旨を相手方に表示していたとき

（２）　定型約款を契約の内容とする旨を合意したとき（同項１号）

定型取引においては、個別の契約条項を認識し、その内容を了解していなくても、定型約款を契約の内容とする旨の合意があれば、改正民法

548条の2第1項1号によりそれが契約の内容となります。

定型約款準備者と顧客が面談する場合は、「**本契約には別途配布する○○利用約款の規定が適用されることに合意します**」等の書面による合意となる場合が多いでしょう。

インターネットによる場合は、以下のように、定型取引合意をした者が、ウェブページ上で定型約款を契約の内容とすることに同意する旨のボタンをクリックしてもらう方法などで合意を得ることになるでしょう。

インターネットでのみなし合意の例

下記の利用規約及び個人情報の取扱いについて同意のうえ、「次へ」ボタンを押してください。

利用規約
(略)

□ 利用規約に同意する
□ 個人情報の取扱いに同意する
※必ずチェックしてください。
⇒ 次　へ

(3) 定型約款準備者があらかじめその定型約款を契約の内容とする旨を相手方に表示していたとき（同項2号）

①「表示」の意義

「定型約款準備者があらかじめその定型約款を契約の内容とする旨を相手方に表示していたとき」についても、改正民法548条の2第1項2号により個別の条項が契約の内容となります。

「表示」があったといえるのは、取引を実際に行おうとする際に顧客である相手方に対して個別に面前で示されていなければならず、定型約款準備者のホームページなどで一般的にその旨を公表していたり、店舗に掲示するだけでは足りないと考えられています。

したがって、相手方が署名する書面に特定の定型約款が契約内容となることが記載されている必要がありますが、この場合であっても、隠蔽効果のある形での記載では「表示」があったとはいえないと指摘する見解があることにも留意が必要です。

申込書における「表示」の具体例

> この申込書による契約には、当社のホームページ（http//: ○○○）に公表されている「○○約款」が適用されます。
> （略）

②「表示」要件の例外

上記①で述べたとおり、「表示」の意義については厳格に解されているため、インターネットなどによる公表では足りないのが原則ですが、一定の場合には例外が定められています。

すなわち、鉄道・バスなどによる旅客運送取引等、公共性が高く約款による契約内容の補充の必要性が高い一定の取引については、以下に掲げる特別法により、改正民法548条の2第1項2号における「表示していた」とあるのは、「表示し、又は公表していた」に読み替えることとされ、定型約款を契約内容とする旨をあらかじめ公表していれば、みなし合意の効力が認められるとして、組入要件が緩和されています。

「表示」要件の例外

●電気通信役務提供約款（改正電気通信事業法167条の2）
●鉄道運送約款（改正鉄道営業法18条の2）
●軌道約款（改正軌道法27条の2）
●道路運送約款・道路通行約款（道路運送法87条、道路整備特別措置法55条の2）
●航空約款（航空法134条の3）

5．みなし合意の適用除外（不当条項規制・不意打ち条項規制）

（1） 概要（改正548条の2第2項）

改正民法548条の2第2項は、相手方の権利を制限し、又は相手方の義務を加重する条項が、その定型取引の態様及びその実情並びに取引上の社会通念に照らして、信義誠実の原則（民法1条2項に規定する基本原則）に反して相手方の利益を一方的に害すると認められるものであれば、「合意をしなかったものとみなす」として、定型約款のみなし合意の適用除外について規定しています。

（2） 改正民法548条の2第2項と消費者契約法10条との違い

① 比較

不当条項規制としては、改正民法548条の2第2項に類似する規定として消費者契約法10条を挙げることができます。それぞれの要件及び効果は以下のとおりです。

不当条項規制の要件と効果

	改正民法548条の2第2項	消費者契約法10条
要件	（前項の規定にかかわらず、同項の条項のうち、） ①相手方の権利を制限し、又は相手方の義務を加重する条項であって、 ②その定型取引の態様及びその実情並びに取引上の社会通念に照らして第1条第2項に規定する基本原則に反して相手方の利益を一方的に害すると認められるものについては、	民法、商法（明治32年法律第48号）その他の法律の公の秩序に関しない規定の適用による場合に比して、 ①消費者の権利を制限し、又は消費者の義務を加重する消費者契約の条項であって、 ②民法第1条第2項 に規定する基本原則に反して消費者の利益を一方的に害するものは、
効果	合意をしなかったものとみなす。	無効とする。

②「公の秩序に関しない規定の適用による場合に比して」の有無による違い

改正民法548条の2第2項には、消費者契約法10条にある「公の秩序に関しない規定の適用による場合に比して」という文言がありません。「公の秩序に関しない規定」とはいわゆる任意規定のことです。

もっとも、消費者契約法10条も、任意規定が適用される場合のみを比較対象としているわけではなく、そこには任意規定のみならず判例や一般的な法理なども含まれるのであって（最二小判平成23年7月15日民集65巻5号2269頁）、これらと比較して、「当該条項が存在しない場合に比し」て「相手方の権利を制限し、又は相手方の義務を加重する条項」であるかを判断することになると解されている。すなわち、消費者契約法10条の方が解釈論と条文の文言に乖離が生じていることから、改正民法548条の2第2項には「公の秩序に関しない規定の適用による場合に比して」との文言を入れなかったというだけであり、消費者契約法10条との違いを生じさせることは意図されていません。

したがって、改正民法548条の2第2項に「公の秩序に関しない規定の適用による場合に比して」との文言がないことに関しては、消費者契約法10条との間で違いを生じさせるものではないものと考えられます。

(3) 「その定型取引の態様及びその実情並びに取引上の社会通念に照らして」の意義

① 不当条項規制と不意打ち条項規制

改正民法548条の2第2項は、不当条項規制と不意打ち条項規制の2つの異なる規律を一本化したものです。

「定型取引の態様」という考慮要素が挙げられていますが、これは、契約の内容を具体的に認識しなくとも定型約款の個別の条項について合意をしたものとみなされるという定型約款の特殊性を考慮することとするものです。

この特殊性に鑑みれば、相手方にとって予測し難い条項が置かれている場合には、その内容を容易に知り得る措置を講じなければ、信義則（信義誠実の原則）に反することとなる蓋然性が高いことになります（不意打ち条項規制）。

消費者契約法10条では消費者と事業者との間の格差に鑑みて不当条項を規制しようとする同法の趣旨を踏まえて信義則違反の有無が判断されるのに対し、改正民法548条の2第2項では定型約款の特殊性を踏まえた判断がされることになるため、結論に違いが生じることがあります。

② 考慮事由の違い

上記①で述べたとおり、「定型取引の態様」については、契約の内容を具体的に認識しなくとも定型約款の個別の条項について合意をしたものとみなされるという定型約款の特殊性を考慮することとするものです。また、「（取引の）実情」や「取引上の社会通念」を考慮することとされていますが、これは信義則に反するかどうかを判断するに当たっては、当該条項そのもののみならず、取引全体にかかわる事情を取引通念に照らして広く考慮することとするものであり、当該条項そのものでは相手方にとって不利であっても、取引全体をみればその不利益を補うような定めがあるのであれば、全体としては信義則に違反しないと解されることになります。

このような考慮事由が定められていることから、消費者と事業者との間の格差に鑑みて不当な条項を規制しようとする消費者契約法第10条とは、趣旨を異にすることが明らかになっており、前述のとおり、結論に違いが生ずることもあり得ます。

他方、消費者契約法10条に関する判例でも、契約締結の態様や実情が既に考慮されています。例えば、更新料条項が消費者契約法10条に違反しないと判示した判例（最二小判平成23年7月15日民集65巻5号2269頁）でも、「当該条項の性質、契約が成立するに至った経緯、消費者と事業者との間に存する情報の質及び量並びに交渉力の格差その他諸般の事情を総合考量して判断」するとされていますし、生命保険契約の無催告失効条項に関する判例（最二小判平成24年3月16日民集66巻5号2216頁）では、督促を行う態勢の整備とその実務上の確実な運用も考慮されている。そのため、この種の事情も考慮して消費者契約法10条が適用される以上、消費者契約については548条の2第2項が意味をもつ場面はないのではないかと指摘する見解もあります。

（4）　効果の違い（「無効」ではなく「合意をしなかったものとみなす」）

消費者契約法10条違反になる場合は、548条の2第2項が定める不当条項にも当たり、みなし合意の効力が否定されることになるのではないかと思われます。そうするとそもそも「合意をしなかったものとみなす」ことになるため、定型約款に関しては消費者契約法10条の適用の余地はないということにもなりそうです。

しかし、消費者契約法10条が適用されないとすると、同法12条3項に基づく適格消費者団体による差止請求ができなくなってしまうという問題が生じます。

もっとも、このような解釈は合理的ではなく、消費者契約法8～10条に該当する限り、同法12条の差止めは認められるべきとの考え方もあります。

6．定型約款の内容の表示（定型約款の内容の表示に係る相手方の請求権）

（1） 概要（改正548条の3）

改正民法548条の3第1項本文は、定型取引の合意の前又は定型取引の合意をした定型約款準備者は、定型取引合意の前又は定型取引合意の後相当の期間内に相手方から請求があった場合には、遅滞なく、相当な方法でその定型約款の内容を示さなければなりません（改正548条の3第1項本文）。

ただし、定型約款準備者が既に相手方に対して定型約款を記載した書面を交付し、又はこれを記録した電磁的記録を提供していたときは、この限りではありません（同項ただし書）。

定型約款準備者が定型取引合意の前において、相手方からの請求を拒んだときは、改正民法548条の2に基づくみなし合意の効力は生じません（同条2項本文）。

ただし、一時的な通信障害が発生した場合その他正当な事由がある場合は、この限りではありません（同項ただし書）。

定型約款の内容の表示に係る相手方の請求

		表示義務が生じる場合	違反した場合の効果
定型取引合意前	原則	相手方から請求があった場合には、遅滞なく、相当な方法でその定型約款の内容を示さなければならない。	請求を拒んだときは、548条の2は適用しない（みなし合意の効力は生じない。）。
	例外	定型約款準備者が既に相手方に対して定型約款を記載した書面を交付し、又はこれを記録した電磁的記録を提供していたときは、この限りではない。	一時的な通信障害が発生した場合その他正当な事由がある場合は、この限りでない。
定型取引合意後	原則	相当の期間内に相手方から請求があった場合には、遅滞なく、相当な方法でその定型約款の内容を示さなければならない。	—（規定なし。）
	例外	定型取引合意前と同じ。	—（規定なし。）

（2）　開示の方法

開示請求を受けた定型約款準備者は、定型約款に当たる各条項が記載された書面を現実に開示したり、掲載されているウェブページを案内するなどの相当な方法によって相手方に定型約款を示すことが想定されています。これは契約上の義務となるものであり、その違反は契約上の義務違反となります。

（3）　開示義務の存続期間

相手方は定型取引合意前のほか、定型取引合意後であっても相当の期間内であれば定型約款の内容を表示することを定型約款準備者に請求することができます（改正548条の3第1項本文）。

「相当の期間内」とは、契約が継続的なものである場合には、その終了から相当の期間を指す趣旨です。

（4） 違反に対する効果

定型取引合意前において、定型約款準備者が開示を「拒んだ」場合には、原則として改正民法548条の2の規定が適用されず、みなし合意の効力が生じないという効果があることが定められています（改正548条の3第2項）。

定型取引合意後の開示請求に関して定型約款準備者が開示義務に違反した場合は、上記**6（2）**のとおり、開示義務は契約上の義務となるものであり、その違反は契約上の義務違反となるため、相手方に損害があれば契約責任としての損害賠償の問題になります。

7．定型約款の変更（改正548条の4）

（1） 概要

改正民法548条の4は、定型約款準備者が個別に相手方と合意することなく定型約款の内容を変更することを認める規定です。

約款の変更規制については従来あまり議論されていなかったところ、法令の変更や経済情勢、経営状況に変動があったときなどに、それに対応して定型約款を変更する必要性があるものの、多数の相手方から個別に同意を得るのは困難であるという事業者側からのニーズに応じて設けられたものです。

同条1項は変更内容に関する規制を定めたものです。1号は「**相手方の一般の利益に適合するとき**」には変更できるとするものであり、2号は相手方にとって不利益変更になる場合であっても、「**契約をした目的に反せず、かつ、変更の必要性、変更後の内容の相当性、この条の規定により定型約款の変更をすることがある旨の定めの有無及びその内容その他の変更に係る事情に照らして合理的なものであるとき**」には変更できるとするものです。

定型約款の変更要件

	要　件
利益変更 （1号）	相手方の一般の利益に適合するとき
不利益変更 （2号）	① 約をした目的に反しないこと ②合理的なものであること ⇒「変更の必要性、変更後の内容の相当性、この条の規定により定型約款の変更をすることがある旨の定めの有無及びその内容その他の変更に係る事情」に照らして合理的なものであること。 ※後述の周知義務も効力発生に影響。

同条２項は変更に関する手続的規制として周知義務を定めています。

すなわち、定型約款準備者は、①定型約款を変更する旨、②変更後の定型約款の内容及び③効力発生時期について、インターネットの利用その他の適切な方法により周知しなければならないとされています。不利益変更の場合（改正548条の４第１項２号に基づく変更の場合）には、効力発生時期が到来するまでにこの周知をしなければその効力を生じないということが同条３項に定められています。

なお、同条４項では、548条の２第２項は定型約款の変更については適用しないと定めています。これは、定型約款の変更については、より厳格であり、かつ、考慮要素も異なる548条の４第１項の規律によることを明確化するために定められたものです。

(2)　利益変更（改正584条の4第1項1号）

「定型約款の変更が、相手方の一般の利益に適合するとき」は、これのみで定型約款の変更の効力が生じることになります。このような利益変更の場合であっても、定型約款準備者には、548条の４第２項に基づく周知義務が課されることにはなりますが、変更の効力発生要件とはされていません。

（3） 不利益変更（改正584条の4第1項2号）

上記7（2）の利益変更（改正584条の4第1項1号）に該当するほか、不利益変更であっても、「定型約款の変更が、契約をした目的に反せず、かつ、変更の必要性、変更後の内容の相当性、この条の規定により定型約款の変更をすることがある旨の定めの有無及びその内容その他の変更に係る事情に照らして合理的なものであるとき」には定型約款の変更が認められます。

不利益変更については、まず第一に、定型約款の変更が契約をした目的に反しないものでなければなりません。ここでいう「契約をした目的」は、相手方の主観的な目的のみでこれを判断するわけではなく、客観的に契約の目的はどういうものであるのかが判断されなければなりません。

第二に、定型約款の変更は合理的なものでなければなりませんが、この合理性は、「変更の必要性、変更後の内容の相当性、この条の規定により定型約款の変更をすることがある旨の定めの有無及びその内容その他の変更に係る事情」に照らして判断されることになります。これらの変更に係る事情は、定型約款準備者側の事情のみならず相手方の事情も含めて、総合的に考慮しなければならないものであり、かつ、客観的に合理的なものといえるかどうかが判断されなければならず、事業者にとって合理的なものといえればよいというわけではありません。

「その他の変更に係る事情」としては、相手方に解除権を与えるなどの措置が講じられているか否かといった事情のほか、個別の同意を得ようとすることにどの程度の困難を伴うかといった事情が考慮されます。

また、「この条の規定により定型約款の変更をすることがある旨の定め」（以下「変更条項」といいます。）については、これを定型約款の変更に必須のものとすることは適当でないとの意見もあったため、必須の要件とはしないこととされました。もっとも、変更条項を必須とはしないとしても、変更条項が置かれ、かつ、その内容が具体的である場合には、変更の合理性は認められやすくなると考えられます。そこで、改正民法548条の4第1項2号では、変更条項の有無及びその内容は、変更の合理性の判断において考慮がされる旨を明らかにしています。

例えば、変更の対象や要件等を具体的に定めた変更条項が定型約款に置かれている場合には、その変更条項に従った変更をすることは、変更の合理性の判断に当たって有利な事情として考慮されることになります。

なお、現行民法下でも、例えば預金規定であれば、通常は変更条項が定められています。一般的には、「金融情勢その他諸般の状況の変化その他相当の事由があると認められる場合には、店頭表示、インターネットその他相当の方法で公表することにより、変更できる」ことや、変更後の内容は「公表の際に定める1ヵ月以上の相当な期間を経過した日から適用される」ことが定められていることが多いですが、このような変更条項が定められていることは、改正民法548条の4の定めにも沿ったものであり、有益であると考えられます。

現行の預金約款の変更規定の例

15（規定の変更等）

（1）この預金規定の各条項及び前記○○に基づく期間・金額その他の条件は、金融情勢その他諸般の状況の変化その他相当の事由があると認められる場合には、店頭表示、インターネットその他相当の方法で公表することにより、変更できるものとします。

（2）前記（1）の変更は、公表の際に定める1ヵ月以上の相当な期間を経過した日から適用されるものとします。

（4）　周知義務（改正548条の4第2項・3項）

定型約款準備者は、定型約款の変更をするときは、その効力発生時期を定め、かつ、定型約款を変更する旨及び変更後の定型約款の内容並びにその効力発生時期をインターネットの利用その他の適切な方法により周知しなければなりません（改正548条の4第2項）。

不利益変更の場合（同条1項2号）については、変更の効力発生時期が到来するまでに上記周知をしなければ、定型約款の変更の効力は生じません（同条3項）。したがって、この場合のみ、改正民法548条の4

第２項に基づく周知は、定型約款準備者の義務であるだけではなく、定型約款の変更の要件としても位置づけることができます。

インターネット等での定型約款の変更の周知例

〇〇約款は、同約款〇条の変更規定に基づき、以下の新旧対照表のとおり変更します。変更後の規定は〇年〇月〇日から適用されるものとします。

新	旧
□□□□□……	△△△△△……

８．定型約款に関する経過規定（改正附則１条２号・改正附則33条）

改正民法は、公布の日（平成29年6月2日）から起算して３年を超えない範囲内において政令で定める日から施行されるものの（改正附則１条本文）、定型約款に関する規律は、施行日前に締結された定型取引についても適用されます（改正附則33条１項）。

ただし、定型取引の当事者の一方（契約又は法律の規定により解除権を現に行使することができる者を除きます。）により反対の意思の表示が書面でされた場合（電磁的記録による場合を含みます。）には、定型約款に関する規律は適用されないことになります（同条２項）。この反対の意思表示は、2018年（平成30年）４月１日（改正附則１条２号、施行期日政令）からすることができ、施行日の前日（2020年（平成32年）３月31日）までにしなければなりません（同条３項）。

契約又は法律の規定により解除権を現に行使することができる者については、定型約款に関する規律の適用を受けたくない場合には、契約を解除すればよいため、定型約款に関する規律の適用に対する反対の意思表示が認められていないものと解されます。ただし、何らの負担もなく自由に解除権を行使できる場合に限られるわけではなく、違約金や解約清算金等を支払わなければ解除できないような場合であっても、解除権を現に行使できることに変わりはなく、定型約款の規律の適用に対する反対の意思表示は認められないとする指摘もあります。この考え方に従えば、相手方が違約金や解約清算金等を負担しても解除ができない契約は限定的であると思われ、相手方から定型約款の規律の適用除外を求められるケースはあまり考えられないように思われますが、仮にそのような契約がある場合に相手方から反対の意思表示を受けるのを避けたいのであれば、相手方に解除権を与える旨の規定を追加する約款の変更をしておくことが考えられます。

預金規定において顧客が何らの負担もなく、所定の手続を経て預金契約を解約できる旨の定めがある場合は、顧客は「契約により解除権を現に行使するできる者」に該当するため、定型約款に関する規律の適用を受けない反対の意思表示はできないものと考えられます。

2章

預金取引・管理

1　預金契約の法的性質

実務 Point

- ✐預金契約は、金銭を目的とする消費寄託契約と解釈されていますが、現行民法では、消費寄託契約については、消費貸借契約の規定が準用されており、要物契約と解釈されています。
- ✐改正民法により寄託は諾成契約とされましたので、消費寄託契約である預金契約も諾成契約に該当することになり、預金額がゼロでも預金契約が成立することになります。

改正の概要

1．現行民法における消費寄託契約

（1）　要物契約

預金契約は、金銭を目的物とする**消費寄託契約**と解釈されています。

現行民法では、消費寄託契約については、消費貸借契約の規定が準用されています（現666条1項）。消費貸借契約は、返還約束のほか、物（金銭）の引渡しにより成立する要物契約であることから、消費寄託契約も**要物契約**とされています。

（2）　預金契約成立の時期

過去の判例（大判大正12年11月20日新聞2226号4頁）に、窓口で現金を受け入れた場合の預金契約の成立時期は、窓口職員が現金を受け取り、これを計算し終わった時に成立するとされたものがあります。

2．改正民法における消費寄託契約

改正民法においても、消費寄託契約は寄託契約であることから、基本的には寄託の規定が適用されることになりました（改正666条1項）。ただし、貸主の引渡義務及び価額の償還に関する消費貸借契約の規定が準用されるとともに（同条2項）、預金契約に関しては期限前返還の消費貸借の規定が準用されます（同条3項）。

新	旧
（消費寄託） 第666条　受寄者が契約により寄託物を消費することができる場合には、受寄者は、寄託された物と種類、品質及び数量の同じ物をもって返還しなければならない。 2　第590条及び第592条の規定は、前項に規定する場合について準用する。 3　第591条第2項及び第3項の規定は、預金又は貯金に係る契約により金銭を寄託した場合について準用する。	（消費寄託） 第666条　第5節（消費貸借）の規定は、受寄者が契約により寄託物を消費することができる場合について準用する。 2　前項において準用する第591条第1項の規定にかかわらず、前項の契約に返還の時期を定めなかったときは、寄託者は、いつでも返還を請求することができる。

改正により寄託は、「寄託は、当事者の一方がある物を保管することを相手方に委託し、相手方がこれを承諾することによって、その効力を生ずる」とされ（改正657条）、諾成契約とされました。よって、消費寄託契約である預金契約も**諾成契約**に該当することになります。

新	旧
（寄託） 第657条　寄託は、当事者の一方がある物を保管することを相手方に委託し、相手方がこれを承諾することによって、その効力を生ずる。	（寄託） 第657条　寄託は、当事者の一方が相手方のために保管をすることを約してある物を受け取ることによって、その効力を生ずる。

実務への影響と留意点

(1) 預金契約成立の時期

上記のとおり、改正民法の下では預金契約が諾成的契約に該当することによって、たとえ**預金額がゼロでも預金契約が成立する**ことになります。

(2) 寄託契約の解除

預金者は預金契約を締結しても、実際に金銭を預金するまでは契約を解除することができます(改正657条の2第1項本文)。これにより、金融機関が契約の解除により損害を受けた場合には、預金者に損害の賠償を請求できます(同項ただし書)。

金融機関としては、預金口座開設による事務手数料相当の損害があるといえますが、実務上は預金者に損害賠償請求することはないでしょう。

無報酬の受寄者は、寄託物を受け取るまで、契約の解除をすることができます(同条2項本文)。しかし、書面による寄託については契約の解除をすることができない(同項ただし書)とされていますので、金融機関は預金者が預金を預け入れるまでに預金契約を解除することはできないと考えられます。

新	旧
(寄託物受取り前の寄託者による寄託の解除等) 第657条の2 寄託者は、受寄者が寄託物を受け取るまで、契約の解除をすることができる。この場合において、受寄者は、その契約の解除によって損害を受けたときは、寄託者に対し、その賠償を請求することができる。 2 無報酬の受寄者は、寄託物を受け取るまで、契約の解除をすることができる。ただし、書面による寄託については、この限りでない。 3 受寄者(無報酬で寄託を受けた場合にあっては、書面による寄託の受寄者に限る。)は、寄託物を受け取るべき時期を経過したにもかかわらず、寄託者が寄託物を引き渡さない場合において、相当の期間を定めてその引渡しの催告をし、その期間内に引渡しがないときは、契約の解除をすることができる。	(新設)

2 預金約款の定型約款該当性

実務 Point

✐預金規定は、改正民法において新たに規律が設けられる「定型約款」に該当すると考えられます。これにより、定型約款の規律である組入要件、みなし合意の適用除外（不当条項規制・不意打ち条項規制）、定型約款の変更等の規定が適用されることになります。

改正の概要

1．定型約款とは

「定型約款」の定義については、改正民法548条の2第1項に定義されています。

これを要件として分けてみると、以下のとおりとなります。

定型約款の要件

1．「定型取引」（下記①②の要件を充たす取引）に用いられていること
　①不特定多数の者を相手方として行う取引であること
　　（不特定多数要件）
　②その内容の全部又は一部が画一的であることがその双方にとって合理的なものであること（画一性要件）
2．契約の内容とすることを目的としてその特定の者により準備され条項の総体であること（目的要件）

２．預金規定

預金規定は、以下のとおり定型約款の要件を充たすため、**定型約款に該当する**ものと考えられます。これにより、預金規定には、みなし合意の適用除外（不当条項規制・不意打ち条項規制。改正548条の２第２項）、定型約款の内容の表示に係る相手方の請求権（改正548条の３）、定型約款の変更（改正548条の４）の規定が適用されることになります。

詳細は、１章７節（定型約款）を参照ください。

（1） 不特定多数要件

預金取引は、銀行や証券会社が不特定多数の顧客を対象として行う取引であるため、不特定多数要件を充たすものと考えられます。

この点、預金契約の締結の際には顧客が反社会的勢力に該当しないかチェックをしますが、このような画一的な基準で審査をしているに過ぎない場合には、相手方の個性に着目した取引であるとはいえないと考えられます。

（2） 画一性要件

預金取引のように大量の取引が予定されているものについては、画一的な取引とすることにより、銀行や証券会社にとっては事務の定型化による正確性・迅速性の確保やコスト低減を図ることができます。

また、顧客にとっては、正確かつ迅速なサービスを平等かつ低額で利用できるというメリットを享受することができるため、双方にとって合理的であるといえますので、画一性要件を充たすものと考えられます。

（3） 目的要件

預金規定や証券総合サービス約款は、顧客が個別の条項の内容を逐一検討していなくても、契約の内容とすることを目的として準備されたものといえますので、目的要件を充たすものと考えられます。

新	旧
(定型約款の合意) 第548条の2　定型取引（ある特定の者が不特定多数の者を相手方として行う取引であって、その内容の全部又は一部が画一的であることがその双方にとって合理的なものをいう。以下同じ。）を行うことの合意（次条において「定型取引合意」という。）をした者は、次に掲げる場合には、定型約款（定型取引において、契約の内容とすることを目的としてその特定の者により準備された条項の総体をいう。以下同じ。）の個別の条項についても合意をしたものとみなす。 一　定型約款を契約の内容とする旨の合意をしたとき。 二　定型約款を準備した者（以下「定型約款準備者」という。）があらかじめその定型約款を契約の内容とする旨を相手方に表示していたとき。 2　前項の規定にかかわらず、同項の条項のうち、相手方の権利を制限し、又は相手方の義務を加重する条項であって、その定型取引の態様及びその実情並びに取引上の社会通念に照らして第一条第二項に規定する基本原則に反して相手方の利益を一方的に害すると認められるものについては、合意をしなかったものとみなす。	(新設)

3 預金約款における不当条項の検討

実務 Point

✐預金約款は定型約款に該当すると考えられるため、みなし合意の適用除外（不当条項規制・不意打ち条項規制）が適用されますが、不当条項に該当する規定は基本的にないものと考えられます。

実務への影響と留意点

1．不当条項・不意打ち条項の有無

１章７節及び２章２節で説明したとおり、預金約款は、改正民法における定型約款（改正548条の２第１項）に該当すると考えられます。

そこで、預金約款の中に、みなし合意の適用除外（不当条項規制・不意打ち条項規制。改正548条の２第２項）の適用のある規定があるかが問題となります。

もっとも、個人向けの預金契約に適用される預金約款に関しては（法人向けの預金契約も個人向けのものと同じ内容のため、法人向けも個人向けと同様と考えられます。）、現行民法のもとでも、消費者契約として、消費者契約法８条〜10条の不当条項規制の適用があり、事業者である銀行においても、不当条項規制に該当するか十分検討されているところですので、**見直しが必要となる条項は基本的にない**ものと考えられます。

なお、２章６節で後述するとおり、定期預金の中途解約に関する規定については留意が必要です。

2．みなし到達規定

預金約款には、以下のみなし到達規定が置かれているのが通常です。

みなし到達規定の例

（通知等）
届出のあった氏名、住所にあてて当行が通知又は送付書類を発送した場合には、延着し又は到達しなかったときでも通常到達すべき時に到達したものとみなします。

みなし到達規定は現行民法98条の公示による意思表示の規定との関係で、預金者の義務を加重するものとして、不当条項に該当しないか問題となると思われます。

しかし、みなし到達規定が、解除等の効果に直ちに結びつくものではないため、信義則に反して相手方の利益を一方的に害すると認められるものとまではいえず、不当条項には該当しないものと考えられます（改正548条の2第2項、消費者契約法10条）。

新	旧
(同右)	(公示による意思表示) 第98条　意思表示は、表意者が相手方を知ることができず、又はその所在を知ることができないときは、公示の方法によってすることができる。 2　前項の公示は、公示送達に関する民事訴訟法（平成８年法律第109号）の規定に従い、裁判所の掲示場に掲示し、かつ、その掲示があったことを官報に少なくとも一回掲載して行う。ただし、裁判所は、相当と認めるときは、官報への掲載に代えて、市役所、区役所、町村役場又はこれらに準ずる施設の掲示場に掲示すべきことを命ずることができる。 3　公示による意思表示は、最後に官報に掲載した日又はその掲載に代わる掲示を始めた日から二週間を経過した時に、相手方に到達したものとみなす。ただし、表意者が相手方を知らないこと又はその所在を知らないことについて過失があったときは、到達の効力を生じない。 4　公示に関する手続は、相手方を知ることができない場合には表意者の住所地の、相手方の所在を知ることができない場合には相手方の最後の住所地の簡易裁判所の管轄に属する。 5　裁判所は、表意者に、公示に関する費用を予納させなければならない。

消費者契約法（〔消費者契約の条項の無効〕）

（平成29年法律第45号）

（事業者の損害賠償の責任を免除する条項の無効）

第８条　次に掲げる消費者契約の条項は、無効とする。

一　事業者の債務不履行により消費者に生じた損害を賠償する責任の全部を免除する条項

二　事業者の債務不履行（当該事業者、その代表者又はその使用する者の故意又は重大な過失によるものに限る。）により消費者に生じた損害を賠償する責任の一部を免除する条項

三　消費者契約における事業者の債務の履行に際してされた当該事業者の不法行為により消費者に生じた損害を賠償する責任の全部を免除する条項

四　消費者契約における事業者の債務の履行に際してされた当該事業者の不法行為（当該事業者、その代表者又はその使用する者の故意又は重大な過失によるものに限る。）により消費者に生じた損害を賠償する責任の一部を免除する条項

2　前項第１号又は第２号に掲げる条項のうち、消費者契約が有償契約である場合において、引き渡された目的物が種類又は品質に関して契約の内容に適合しないとき（当該消費者契約が請負契約である場合には、請負人が種類又は品質に関して契約の内容に適合しない仕事の目的物を注文者に引き渡したとき（その引渡しを要しない場合には、仕事が終了した時に仕事の目的物が種類又は品質に関して契約の内容に適合しないとき。）。以下この項において同じ。）に、これにより消費者に生じた損害を賠償する事業者の責任を免除するものについては、次に掲げる場合に該当するときは、同項の規定は、適用しない。

一　当該消費者契約において、引き渡された目的物が種類又は品質に関して契約の内容に適合しないときに、当該事業者が履行の追完をする責任又は不適合の程度に応じた代金若しくは報酬の減額をする責任を負うこととされている場合
二　当該消費者と当該事業者の委託を受けた他の事業者との間の契約又は当該事業者と他の事業者との間の当該消費者のためにする契約で、当該消費者契約の締結に先立って又はこれと同時に締結されたものにおいて、引き渡された目的物が種類又は品質に関して契約の内容に適合しないときに、当該他の事業者が、その目的物が種類又は品質に関して契約の内容に適合しないことにより当該消費者に生じた損害を賠償する責任の全部若しくは一部を負い、又は履行の追完をする責任を負うこととされている場合

（消費者の解除権を放棄させる条項の無効）
第８条の２　事業者の債務不履行により生じた消費者の解除権を放棄させる条項は、無効とする。

（消費者が支払う損害賠償の額を予定する条項等の無効）
第９条　次の各号に掲げる消費者契約の条項は、当該各号に定める部分について、無効とする。
一　当該消費者契約の解除に伴う損害賠償の額を予定し、又は違約金を定める条項であって、これらを合算した額が、当該条項において設定された解除の事由、時期等の区分に応じ、当該消費者契約と同種の消費者契約の解除に伴い当該事業者に生ずべき平均的な損害の額を超えるもの　当該超える部分
二　当該消費者契約に基づき支払うべき金銭の全部又は一部を消費者が支払期日（支払回数が二以上である場合には、それぞれの支払期日。以下この号において同じ。）までに支払わない場合における損害賠償の額を予定し、又は違約金を定める条項であって、これらを合算した額が、支払期日の翌日からその支払をする日までの期間について、その日数に応じ、当該支払期日に支払うべき額から当該支払期日に支払うべき額のうち既に支払われた額を控除した額に年十四・六パーセントの割合を乗じて計算した額を超えるもの　当該超える部分

（消費者の利益を一方的に害する条項の無効）
第10条　消費者の不作為をもって当該消費者が新たな消費者契約の申込み又はその承諾の意思表示をしたものとみなす条項その他の法令中の公の秩序に関しない規定の適用による場合に比して消費者の権利を制限し又は消費者の義務を加重する消費者契約の条項であって、民法第１条第２項に規定する基本原則に反して消費者の利益を一方的に害するものは、無効とする。

4 預金約款の変更

実務 Point

- ✐預金規定は定型約款に該当するため、定型約款の変更に関する規律に基づいて、預金規定の変更条項があることにより、変更が認められやすくなると考えられます。
- ✐預金規定に暴排条項を追加する変更については、現行法下でも判例上認められていますが、定型約款の規律の下では、実体要件（不利益変更）及び周知要件を充たす必要があります。

改正の概要

改正民法では、定型約款の変更（改正548条の4）の規定が定められます。

定型約款の変更については、実体要件（利益変更又は不利益変更。同条1項）及び周知要件（同条2項）を充たす必要があります。

定型約款の変更については1章7節で説明したとおり、改正民法548条の4に規定されています。

（1） 実体要件

利益変更（改正584条の4第1項1号）は、「定型約款の変更が、相手方の一般の利益に適合するとき」に定型約款の変更を認めるものです。

不利益変更（同項2号）は、「定型約款の変更が、契約をした目的に反せず、かつ、変更の必要性、変更後の内容の相当性、この条の規定により定型約款の変更をすることがある旨の定めの有無及びその内容その他の変更に係る事情に照らして合理的なものであるとき。」として不利益変更について定めています。

不利益変更については、契約をした目的に反しないこと、変更の必要性、変更後の内容の相当性、この条の規定により定型約款の変更をすることがある旨の定めの有無及びその内容その他の変更に係る事情に照らして合理的なものであること、が必要となります。

(2)　周知要件

周知要件（改正548条の4第2項）として、定型約款準備者は、①定型約款を変更する旨、②変更後の定型約款の内容、③効力発生時期について、インターネットの利用その他の適切な方法により周知しなければなりません。不利益変更の場合（改正548条の4第1項2号に基づく変更の場合）には、効力発生時期が到来するまでにこの周知をしなければその効力を生じません（同条3項）。

(3)　預金規定の変更条項

現行法下においても、預金規定には変更条項が定められていることが多いです。

一般には、「金融情勢その他諸般の状況の変化その他相当の事由があると認められる場合には、店頭表示、インターネットその他相当の方法で公表することにより、変更できる」ことや、変更後の内容は「公表の際に定める1ヵ月以上の相当な期間を経過した日から適用される」ことが定められていることが多いですが、このような変更条項が定められていることは、改正民法548条の4の定めにも沿ったものであり、有益であると考えられます。

新	旧
（定型約款の変更） 第548条の4　定型約款準備者は、次に掲げる場合には、定型約款の変更をすることにより、変更後の定型約款の条項について合意があったものとみなし、個別に相手方と合意をすることなく契約の内容を変更することができる。 一　定型約款の変更が、相手方の一般の利益に適合するとき。 二　定型約款の変更が、契約をした目的に反せず、かつ、変更の必要性、変更後の内容の相当性、この条の規定により定型約款の変更をすることがある旨の定めの有無及びその内容その他の変更に係る事情に照らして合理的なものであるとき。 2　定型約款準備者は、前項の規定による定型約款の変更をするときは、その効力発生時期を定め、かつ、定型約款を変更する旨及び変更後の定型約款の内容並びにその効力発生時期をインターネットの利用その他の適切な方法により周知しなければならない。 3　第1項第2号の規定による定型約款の変更は、前項の効力発生時期が到来するまでに同項の規定による周知をしなければ、その効力を生じない。 4　第548条の2第2項の規定は、第1項の規定による定型約款の変更については、適用しない。	（新設）

実務への影響と留意点

1．預金約款

改正民法548条の4第1項2号に「この条の規定により定型約款の変更をすることがある旨の定め」と規定していることに鑑みると、預金約款には「**民法548条の4の定型約款の変更の規定に基づいて変更すること**」も明記をしておいた方がよいと考えられます。

現行の預金約款の変更規定の例

> 16（規定の変更等）
> (1) この預金規定の各条項及び前記11 (4) に基づく期間・金額その他の条件は、金融情勢その他諸般の状況の変化その他相当の事由があると認められる場合には、店頭表示、インターネットその他相当の方法で公表することにより、変更できるものとします。
> (2) 前記 (1) の変更は、公表の際に定める1ヵ月以上の相当な期間を経過した日から適用されるものとします。

2. 具体的事案の検討（暴力団排除条項の追加・改訂）

（1）　現行民法下での暴力団排除条項の追加変更（遡及適用）

暴力団排除条項（以下「暴排条項」といいます。）が規定されていない約款について、暴排条項を追加する旨の約款変更を行い、追加された暴排条項に基づいて契約を解除することができるかという問題（遡及適用の可否などといわれることもありますが、以下においては「追加変更」の問題といいます。）については、従前より議論がされてきたところであり、特に預金規定については複数の裁判例でもこの点に関する判断が示されています。

この点、福岡高判平成28年10月4日金法2052号90頁は、「預金契約については、定型の取引約款によりその契約関係を規律する必要性が高く、必要に応じて合理的な範囲において変更されることも契約上当然に予定されているところ、本件各条項〈筆者注：暴力団排除条項〉を既存の預金契約にも適用しなければ、その目的を達成することは困難であり、本件各条項が遡及適用されたとしても、そのことによる不利益は限定的で、かつ、預金者が暴力団等から脱退することによって不利益を回避できることなどを総合考慮すれば、既存顧客との個別の合意がなくとも、既存の契約に変更の効力を及ぼすことができると解するのが相当」、「本件各口座については、控訴人らが社会生活を送る上で不可欠な代替性のない生活口座であるといった事情は認められず、本件各条項に基づき控訴人らとの本件各預金契約を解約することが、信義則違反ないし権利の濫用に当たるとはいえないから、控訴人らの各請求はいずれも理由がないものと判断する」と判示して、暴排条項の追加変更の効力を認めました。

その根拠については、原判決である福岡地判平成28年3月4日金法2038号94頁が判示するとおりであるとしているところ、原判決は、まず前提として、「本件各預金契約のように、ある特定の者が不特定多数の者を相手方として行う取引であって、その内容の全部又は一部が画一的であることがその双方にとって合理的であるような定型的な取引については、定型の取引約款によりその契約関係を規律する必要性が高いから、取引約款を社会の変化に応じて変更する必要が生じた場合には、合理的な範囲において変更されることも、契約上当然に予定されているということができ、既存の契約の相手方である既存顧客との個別の合意がない限り、その変更の効力が既存の契約に一切及ばないと解するのは相当でない」としており、改正民法548条の4の趣旨に沿った判示をしているといえます。そのうえで、追加変更を認める正当化根拠として、以下の事情を挙げています。

❶暴排条項は、反社会的勢力の経済活動ないし資金獲得活動を制限し、これを社会から排除して、市民社会の安全と平穏の確保を図るという公益目的を有しており、単に預金口座の不正利用等による被告らの被害を防止することのみを目的としたものではない。

❷暴排条項追加後も、暴力団構成員等によるマネー・ロンダリング検挙事犯は、平成23年から平成26年にかけて20〜33.5%（59〜85件）を占めるなど、反社会的勢力による預金口座の不正利用は、社会にとって依然として大きな脅威となっている。

❸暴排条項の目的は、暴排条項が追加された当時に既存の預金契約にもこれを適用しなければ達成することが困難である。

❹暴排条項が適用されることによる不利益は、既存の契約に遡及適用されるものであっても、各種支払について口座引落し以外の支払方法による支払が可能であることが多いことからしても、電気、ガス、水道等のいわゆるライフライン契約とは異なり、預金契約については、契約が締結されなくとも社会生活を送ることがおよそ不可能なものとはいえず、これによる不利益も限定的であるといえ、かつ、預金者が反社会的勢力に属しなくなるという、自らの行動によって回避できるものである。

❺銀行は、暴排条項の追加に先立ち、その内容や効力発生時期を、自行のホームページへの掲載、店頭等におけるポスターの掲示やチラシの配布等の適切な方法により周知している。

以上のような事情を踏まえて、「このような本件各条項〈筆者注：暴排条項〉の事前周知の状況、本件各条項の追加により既存の顧客が受ける不利益の程度、本件各条項を既存の契約にも遡及適用する必要性、本件各条項の内容の相当性等を総合考慮すれば、本件各条項の追加は合理的な取引約款の変更に当たるということができ、既存顧客との個別の合意がなくとも、既存の契約に変更の効力を及ぼすことができると解するのが相当である」と結論づけています。

そして、上記福岡高裁判決は、最三小決平成29年7月11日（平成29年（オ）71号、平成29年（受）80号）において上告棄却・上告不受理とされ、確定しました。

なお、上記福岡高裁判決は、対象口座が社会生活を送る上で不可欠な代替性のない生活口座ではないことを前提としているようにも思われますが、同じく暴排条項の追加変更を認めた東京地判平成28年5月18日金法2050号77頁（確定）では、預金口座を一般市民としての生活に必要な取引にのみ利用している場合であっても暴排条項が適用される旨を判示しています。

預金規定以外の約款についても上記のような考え方が参考になるものと思われ、同様の判断基準に基づき暴排条項の追加変更の可否を検討することが考えられます。もっとも、追加変更の必要性及び合理性を基礎付ける事情は、各契約の内容及び性質等によって異なるところであり、特に暴排条項が適用されることによる不利益については、個別の契約に応じて慎重な検討がなされるべきでしょう。

(2)　改正民法548条の4第1項に基づく暴力団排除条項の追加変更（遡及適用）

定型約款の変更（548条の4）の規律に基づき暴排条項の追加変更を行うためには、不利益変更（同条1項2号）の要件を充たす必要があると考えられます。

前述した預金規定における暴排条項の追加変更を認めた各裁判例においても、まさしく改正民法548条の4第1項2号が合理性の判断に当たっての考慮要素としている「変更の必要性、変更後の内容の相当性、この条の規定により定型約款の変更をすることがある旨の定めの有無及びその内容その他の変更に係る事情」を考慮しているものと思われます。

したがって、この点に係る判断は、現行民法における判断方法と大差はないものと思われるため、預金規定における暴排条項の追加変更は前述した最三小決平成29年7月11日の考え方に基づきこれを行うことが可能であると考えられます。

その他の定型約款における暴排条項の追加変更については、現行民法に関して述べたのと同様、預金規定に係る考え方が参考になるところではありますが、あくまで個別の契約に応じて「変更の必要性、変更後の内容の相当性、この条の規定により定型約款の変更をすることがある旨の定めの有無及びその内容その他の変更に係る事情」について慎重な検討が必要になると考えられます。

もちろん、この場合、周知要件（改正548条の4第2項・3項）も充たす必要があります。

5 預金約款に係る定型約款に関する規律の適用時期

実務 Point

- **定型約款に関する規律は、改正民法の施行日（2020年4月1日）前に締結された定型取引に係る契約にも適用することとされています。**
- **2018年4月1日から2020年3月31日までに、定型取引の当事者の一方により反対の意思の表示が書面でされた場合には、定型約款に関する規律は適用されないこととされています。普通約款に関してはこの反対の意思表示は適用はないものと考えられます。**

改正の概要

定型約款に関する規律は、改正民法の施行日（2020年4月1日）前に締結された定型取引に係る契約にも適用することとされています（改正附則33条1項、施行期日政令）。

ただし、2018年4月1日から2020年3月31日までに、定型取引の当事者の一方（契約又は法律の規定により解除権を現に行使することができる者を除きます。）により反対の意思の表示が書面でされた場合（電磁的記録による場合を含みます。）には、定型約款に関する規律は適用されないこととされています（改正附則33条2項・3項、改正附則1条2号、施行期日政令）。

実務への影響と留意点

普通預金約款においては、預金者はいつでも預金契約を中途解約することができるのが通常ですので、定型約款に関する規律を適用しないこととする反対の意思表示を行使することはできないと考えられます。

これに対して、**定期預金約款**においては、預金者は預金契約を中途解約することが制限されているのが通常ですので、定型約款に関する規律を適用しないこととする**反対の意思表示を行使することができる**と考えられます。

6 定期預金の中途解約

実務 Point

- 現行民法では、消費寄託契約については、消費貸借契約の規定が準用されていますが、改正民法では、消費寄託契約について返還期限の定めに関しては、寄託契約に関する規定が適用されることになります。
- 寄託については、寄託物の返還時期を定めたときでも、いつでも返還を請求することができますが、期限前返還により受寄者が損害を受けたときは、寄託者に対し、その賠償を請求することができます。

改正の概要

1．現行民法における実務

（1） 期限の利益及びその放棄

2章1節で説明したとおり、現行民法では、消費寄託契約については、消費貸借契約の規定が準用されています（現666条1項）。

消費貸借契約には、返還時期の定めについての規定はありませんが、現行民法136条1項により、期限は債務者（借主）の利益とされているものの、同条2項においては、期限の利益を放棄する場合に相手方の利益を害することが禁止されています。よって、借主から期限前弁済を求められた場合、貸主に生じた損害の賠償をしなければならないと考えられています。

新	旧
（同右）	（期限の利益及びその放棄） 第136条　期限は、債務者の利益のために定めたものと推定する。 2　期限の利益は、放棄することができる。ただし、これによって相手方の利益を害することはできない。

（2）　定期預金の期限（満期）の利益とその放棄（中途解約）

定期預金については、期限は預金者だけでなく銀行にとっても利益と考えられていることから、金融機関は期限前に預金者から中途解約を求められた場合には、原則としてこれを禁止したり、やむを得ない場合に限っている場合が多いでしょう。

定期預金の中途解約規定の例

> 当行がやむを得ないものと認めてこの預金の満期日前の解約に応じる場合…には、その利息…は、預入日から解約日の前日までの日数及び次の預入期間に応じた利率…に よって計算し…、この預金とともに支払います。

2．改正民法における実務

（1）　中途解約の規定

改正民法により、**消費寄託契約についての返還期限の定めに関しては、寄託契約に関する規定が適用される**ことになります。

寄託については、寄託物の返還時期を定めたときでも、いつでも返還を請求することができることとされており、消費寄託の寄託者は返還時期を定めた場合においても、いつでも返還ができることとなります。ただし、期限前返還により受寄者が損害を受けたときは、寄託者に対し、その賠償を請求することができます（改正662条2項）。

新	旧
（寄託者による返還請求等） 第662条　当事者が寄託物の返還の時期を定めたときであっても、寄託者は、いつでもその返還を請求することができる。 2　前項に規定する場合において、受寄者は、寄託者がその時期の前に返還を請求したことによって損害を受けたときは、寄託者に対し、その賠償を請求することができる。	（寄託者による返還請求） 第662条　（同左） （新設）

（2）　不当条項の検討

改正民法662条は任意規定ですので、定期預金約款において、従前どおり、預金者による中途解約を原則禁止したり、やむを得ない場合に限定することも可能ですが、個人顧客の預金に関しては、消費者契約に該当することになることから、消費者契約法10条の不当条項に該当しないかが問題となります。また、預金規定は、定型約款に該当すると考えられるので（1章7節及び2章2節参照）、みなし合意の適用除外（不当条項規制・不意打ち条項規制。改正548条の2第2項）に抵触しないか問題となります。

この点に関しては、定期預金は、一定期間運用されることにより、普通預金よりも高い利率の利息を付することができるのであり、いつでも解約することができるとすれば、普通預金と同じ利率の金利しか支払うことができず、預金者の利益にもならないので、預金者の利益を信義則に反する程度に一方的に害するものではなく消費者契約法10条後段及び改正548条の2第2項の不当条項に該当しないとする見解もあります。

これに対しては、定期預金を中途解約した場合の利息の利率に関して満期償還の場合よりも適用利率を低く定めることは別として、中途解約を一切禁止したり、やむを得ない場合に限定したり、解除を制限することは不当条項に該当するとの考え方もあり得るでしょう。

なお、定期預金を中途解約した場合の適用利率に関しては、大蔵省銀行局通達により、預入後1ヵ月を経過するまでに解約が行われる場合には、適用利率は解約日における普通預金金利以下とすることとされていましたが、同通達は平成10年6月に廃止され、各金融機関が自由に定めることができるようになりました。期日後利率は普通預金金利利率となります。

定期預金の中途解約の際の適用利率が、満期の場合の適用利率に比べて、銀行側の平均的損害（定期預金）を控除したものと評価できるのであれば、消費者契約法9条1号（消費者が支払う損害賠償の額を予定する条項等の無効）に違反して無効とは評価されないと考えられます。

定期預金の中途解約規定の例

第○条（中途解約）
(1) 満期日前の解約は原則としてできません。ただし、お客さまより当行所定の方法により満期日前の解約申出があり、かつ当行がやむを得ないものと認めた場合には、解約することができます。なお、この預金の一部について解約することはできません。
(2) 前項ただし書により、解約の申出を行う場合、円定期預金の明細番号その他所定の事項を正確に入力してください。
(3) 前項の申出内容に誤入力があったとしても、これによって生じた損害については、当行は責任を負いません。

第○条（中途解約）
(1) この預金を満期日前に解約される場合は、当行所定の方法により当社にお申出ください。
(2) 中途解約利息は、預入日（継続をしたときは最後の継続日）から解約日の前日までの日数（以下「預入期間」といいます。）に応じた下表の中途解約利率によって６ヵ月複利の方法で計算します。ただし、中途解約利率が解約日における普通預金利率を下回る場合は、普通預金利率によって計算します。

＜中途解約利率表＞

	１年未満	１年以上 ２年未満	２年以上 ３年未満	３年以上
１年未満	解約日時点の普通預金利率			
１年以上 ２年未満		適用利率 × 30%	適用利率 × 20%	適用利率 × 10%
２年以上 ３年未満			適用利率 × 50%	適用利率 × 30%
３年以上				適用利率 × 70%

(3) この預金を満期日前に１万円以上１万円単位の金額で一部解約される場合、解約される部分についての利息は、前項の方法により計算します。なお、一部解約後の残金は１万円以上となることとします。
(4) お客さまが次の各号のいずれかに該当した場合は、当行はお客さまに事前に通知することなく、当行所定の方法及び時期に、この預金を解約することができます。また、本項の定めに従い中途解約する場合のこの預金の利率については、適用利率を適用するものとします。
　①お支払いの停止又は破産、強制執行、特定調停もしくは民事再生手続開始の申立てがあった場合、又は任意整理を開始した場合
　②預金その他の当社に対する債権について、債権執行手続等の通知が送達された場合
(5) 解約代り金及び利息はお客さまの普通預金に入金します。
(6) 当行口座を解約される場合は、定期預金も解約となります。この場合は、本条を適用します。

定期預金の中途解約の適用利率等の例

1　期限前解約時の適用利率

期限前解約の際は預入時の約定利率は適用されず、解約日までの預入期間に応じて以下の方式で求められた利率が適用されます。

(1) お預入れ日から6ヵ月後の応当日の前日までに解約する場合には、次の①〜③までのうち、最も低い利率を適用します。

① 解約日における普通預金の利率

② 約定利率×70%

③ 定期預金を期限前解約される場合は、その資金を当行が満期日まで手当て（調達）することになりますので、お客さまへお支払いするお利息の中からこの再調達費用を差し引かせていただきます。

約定利率－(基準利率(※)－約定利率)×(約定日数－預入日数)÷預入日数

注）②及び③の算式により計算した小数点第4位以下は切捨てます。ただし、③の算式によって計算した利率が0%を下回るときは0%とします。

(2) お預入れ日から6ヵ月後の応当日以後に解約する場合には、次の①及び②の算式により計算した利率のうち、いずれか低い利率を適用します。

A　約定利率×70%

B　定期預金を期限前解約される場合は、その資金を当行が満期日まで手当て（調達）することになりますので、お客さまへお支払いするお利息の中からこの再調達費用を差し引かせていただきます。

約定利率－(基準利率(※)－約定利率)×(約定日数－預入日数)÷預入日数

注）小数点第4位以下は切捨てます。ただし、Bの算式により計算した利率が0%を下回るときは0%とします。

(※) 基準利率とは、解約日に解約する定期預金の満期日まで新たに預入するとした場合に適用される店頭表示の利率（満期日までの期間が1ヵ月未満の場合は、1ヵ月間預入するとした場合に適用される店頭表示の利率）をいいます。

2　お支払い済み中間利息の清算

解約日までに中間利息をお支払いしている場合は、前記1で求められた利率を適用のうえ算出した解約利息額から既にお支払いした中間利息の合計額を差引いて、清算をします。

この際、解約利息額から中間利息の合計額を引ききれない場合は、更に元金より差引くため、解約時の支払額が元金を下回ることがありますので、ご理解、ご了承願います（ただし、支払済みの中間利息と合算すると元本を下回ることはありません。）。

7 預貯金口座への振込みによる弁済

実務 Point

- 現行民法では、預貯金口座への振込み（払込み）による弁済に関する規定がありませんでしたが、改正法では、「預金又は貯金の口座に対する払込みによる弁済」の規定が設けられました。
- 改正民法では、債権者の預貯金口座に対する払込みによってする弁済は、「債権者がその預貯金に係る債権の債務者に対してその払込みに係る金額の払戻しを請求する権利を取得した時」にその効力を生ずるものとされています。

改正の概要

1．規定の新設（改正 477 条）

現行民法では、預貯金口座への振込み（払込み）による弁済に関する規定がありませんでしたが、改正民法では、「預金又は貯金の口座に対する払込みによる弁済」の規定が新たに設けられました（改正 477 条）。

改正民法 477 条では、債権者の預貯金口座に対する払込みによってする弁済は、「債権者がその預貯金に係る債権の債務者に対してその払込みに係る金額の払戻しを請求する権利を取得した時」にその効力を生ずるものとされています。

新	旧
(預金又は貯金の口座に対する払込みによる弁済) 第477条　債権者の預金又は貯金の口座に対する払込みによってする弁済は、債権者がその預金又は貯金に係る債権の債務者に対してその払込みに係る金額の払戻しを請求する権利を取得した時に、その効力を生ずる。	(新設)

2．弁済の効力発生時期

「債権者がその預金又は貯金に係る債権の債務者に対してその払込みに係る金額の払戻しを請求する権利を取得した時」がいつかは、**当該預貯金契約（預金約款）の解釈に委ねられます**。

この点、判例（最二小判平成8年4月26日民集50巻2号1267頁）においては、振込金額が受取人の預金口座に入金記帳された時に、受取人と銀行との間の預金契約に基づき、受取人を債権者とする預金債権（預金払戻請求権）が成立するとしています。

この判例を前提として、債権法部会の中間試案の段階においては、「債権者の預金口座に金銭を振り込む方法によって債務を履行するときは、債権者の預金口座において当該預金額の入金が記録される時に、弁済の効力が生ずる」とする案が検討されていました。

しかしながら、入金記帳の時点で弁済の効力が生じる旨が明記されることにより、①厳密な入帳時点の管理が求められる可能性があるとともに、②入金記帳のタイミングが金融機関により異なるので、この時点を明記するのは適当ではないなどの理由から、改正民法にいては「入金記帳の時点を預金払戻請求権の成立時期」とする案は採用せず、債権の弁済時を「預金払戻請求権の成立時期」とするに留めることになりました。

8 債権の準占有者への弁済

実務 Point

改正法では、「債権の準占有者」の概念が表見受領権者に対する弁済であることを明らかにする「取引上の社会通念に照らして受領権者としての外観を有するもの」と改めた上で、弁済者の善意・無過失である場合に、弁済の効力を認めるものとして、現行民法の規律が維持されています。

改正の概要

1．受領権者としての外観を有する者に対する弁済

現行民法478条は、債権の準占有者に対する弁済について弁済者が善意・無過失である場合に、弁済の効力を認めるものです。

改正民法478条は、「債権の準占有者」の概念が表見受領権者に対する弁済であることを明らかにする「**取引上の社会通念に照らして受領権者としての外観を有するもの**」と改めたうえで、弁済者の善意・無過失である場合に、弁済の効力を認めるものとして、現行民法の規律を維持するものです。

新	旧
(受領権者としての外観を有する者に対する弁済) 第478条　受領権者(債権者及び法令の規定又は当事者の意思表示によって弁済を受領する権限を付与された第三者をいう。以下同じ。)以外の者であって取引上の社会通念に照らして受領権者としての外観を有するものに対してした弁済は、その弁済をした者が善意であり、かつ、過失がなかったときに限り、その効力を有する。	(債権の準占有者に対する弁済) 第478条　債権の準占有者に対してした弁済は、その弁済をした者が善意であり、かつ、過失がなかったときに限り、その効力を有する。

現行民法480条は、受取証書の持参人について、弁済者が悪意又は有過失の場合を除き、弁済の効力を認める規定ですが、改正によって削除されました。弁済者の信頼保護の観点からは、真正の受取証書の持参人を他の表見受領権者と異なった規律で処理することの合理性が見出し難い等と考えられるからです。よって、受取証書の持参人への弁済も改正民法478条の規律の下で処理することになります(なお、これにより、善意・無過失の立証責任が債権者から、弁済者に変わります。)。

新	旧
(削る)	(受取証書の持参人に対する弁済) 第480条　受取証書の持参人は、弁済を受領する権限があるものとみなす。ただし、弁済をした者がその権限がないことを知っていたとき、又は過失によって知らなかったときは、この限りでない。

2．弁済者の善意・無過失

(1)　判例と中間試案

中間試案においては、表見受領権者に対する弁済者の保護要件として、善意・無過失ではなく「受領権者であると信じたことにつき正当な理由がある場合」とすることが検討されていました。「正当の理由」は、善意・無過失という主観的観点以外の事情も考慮することを念頭と置いたものです。

このように、主観的観点以外の事情を考慮した条文が検討されたのは、判例(最三小判平成15年4月8日民集57巻4号337頁)を受けたためでした。

この判例では、偽造キャッシュカードによるATMでの現金引出しに関して、準占有者に対する弁済の規定（現478条）の適用を認めたうえで、「銀行が無過失であるというためには、払戻しの際に機械が正しく作動したことだけでなく、銀行において、（略）機械払システムの設置管理の全体について、可能な限度で無権限者による払戻しを排除し得るよう注意義務を尽くしていたことを要する」と示され、銀行が、「通帳機械払のシステムを採用していたにもかかわらず、その旨をカード規定等に規定せず、預金者に対する明示」を怠ったことは、注意義務を尽くしていたということはいえず、払戻しについて過失があったというべきとされました。

実務への影響と留意点

改正民法478条では、現行民法478条と同様に、善意・無過失のみ規定されていますが、上記の判例を受けた現行民法に基づく実務に変更はなく、今後も**主観的観点以外の事情も考慮されることには変わりありません**。

なお、平成18年2月10日に施行された「偽造カード等及び盗難カード等を用いて行われる不正な機械式預貯金払戻し等からの預貯金者の保護等に関する法律」（以下「預金者保護法」といいます。）では、偽造・盗難カード等を用いたATMからの不正な預金払戻し被害について、（現行）民法478条の適用を除外し、原則として補償されます。ただし、**本人に「重大な過失」又は「過失」があった場合は、下表のとおり**になります。

預金者保護法における補償

「重大な過失」がある場合	偽造、盗難カード被害とも補償されない
「過失」がある場合	○偽造カード被害は全額補償される ○盗難カード被害は75%が補償される

預金者保護法の適用を前提としたカード規定の例

第10条（カード・暗証の管理等）

(1) カードは他人に使用されないよう保管してください。暗証は生年月日・電話番号等の他人に推測されやすい番号の利用を避け、他人に知られないよう管理してください。

(2) 当行が、カードの電磁的記録によって、ATM又はデビットカード取引に係る加盟店に設置された端末機（以下「端末機」といいます。）の操作の際に使用されたカードを当行が交付したものとして処理し、入力された暗証と届出の暗証との一致を確認して預金の払戻し・引落しをしたうえは、カード又は暗証につき事故があっても、そのために生じた損害については、当行及び提携先は責任を負いません。ただし、この払戻し・引落しがATMを使用したものであり、かつ偽造カード又は変造カードによるものである場合、及び盗難カードによるものである場合の当行の責任については、第11条、第12条、及び第13条によります。

(3) 当行の窓口において前項と同様にカードを確認し、払戻請求書、諸届その他の書類に使用された暗証と届出の暗証との一致を確認のうえ取扱いました場合には、そのために生じた損害については、当行及び提携先は責任を負いません。

第11条（偽造カード等による払戻し等）

(1) 偽造又は変造カードによるATMを使用した払戻しについて、本人が個人である場合には、本人の故意による場合又は当該払戻しについて当行が善意かつ無過失であって本人に重大な過失があることを当行が証明した場合を除き、その効力を生じないものとします。この場合、本人は、当行所定の書類を提出し、カード及び暗証の管理状況、被害状況、警察への通知状況等について当行の調査に協力するものとします。

(2) 前項は、前条第3項により、窓口でなされた払戻しには適用されません。

第12条（盗難カードによる払戻し等）

(1) 本人が個人の場合であって、カードの盗難により、他人に当該カードを不正使用され生じたATMによる払戻しについては、次の各号のすべてに該当する場合、本人は当行に対して当該払戻しの額に相当する金額及びこれに付帯する約定利息並びに手数料に相当する金額（以下「補てん対象額」といいます。）の補てんを請求することができます。

① カードの盗難に気づいてから速やかに、当行への通知が行われていること

② 当行の調査に対し、本人より十分な説明が行われていること

③ 当行に対し、警察署に被害届を提出していることその他の盗難にあったことが推測される事実を確認できるものを示していること

(2) 前項の請求がなされた場合、当該払戻しが本人の故意による場合を除き、当行は、当行へ通知が行われた日の30日（ただし、当行に通知することができないやむを得ない事情があることを本人が証明した場合は、30日にその事情が継続している期間を加えた日数とします。）前の日以降になされた払戻しにかかる補てん対象額を補てんするものとします。ただし、当該払戻しが行われたことについて、当行が善意かつ無過失であり、かつ、本人に過失があることを当行が証明した場合には、当行は補てん対象額の4分の3に相当する金額を補てんするものとします。

(3) 前2項の規定は、第1項に係る当行への通知が、盗難が行われた日（当該盗難が行われた日が明らかでないときは、当該盗難にかかる盗難カード等を用いて行われた不正な預金払戻しが最初に行われた日）から、2年を経過する日後に行われた場合には、適用されないものとします。

(4) 第2項の規定にかかわらず、次のいずれかに該当することを当行が証明した場合には、当行は補てん責任を負いません。

① 当該払戻しが行われたことについて当行が善意かつ無過失であり、かつ、次のいずれかに該当する場合

A 本人に重大な過失があること

B 本人の配偶者、二親等内の親族、同居の親族、その他の同居人、

又は家事使用人（家事全般を行っている家政婦など。）によって行われた場合

C 本人が、被害状況についての当行に対する説明において、重要な事項について偽りの説明を行った場合

② 戦争、暴動等による著しい社会秩序の混乱に乗じ又はこれに付随してカードが盗難にあった場合

(5) 本条は、第10条第3項により窓口でなされた払戻しには適用されません。

第13条（総合口座取引規定に基づく当座貸越による借入れの場合の準用）

前記第11条及び第12条は、総合口座取引規定に基づき行う、ATMを使用した当座貸越による金銭の借入れに準用します。この場合、前条第2項の適用においては、前条第1項各号に該当することを条件として、当行へ通知が行われた日の30日（ただし、当行に通知することができないやむを得ない事情があることを本人が証明した場合は、30日にその事情が継続している期間を加えた日数とします。）前の日以降になされた当該借入れ（手数料や利息を含みます。）について、当行はその支払いを請求しないものとします。ただし、当該借入れが行われたことについて、当行が善意かつ無過失であり、かつ、本人に過失があることを当行が証明した場合には、当行が支払いを求めることができない金額は、当該借入れに係る額の4分の3に相当する金額とします。

9 預貯金債権に係る譲渡制限の意思表示の効力

実務 Point

- **現行民法では、債権の譲渡禁止特約がある場合は、特約に違反して譲渡されても譲渡の効力が生じない（物権的無効）こととされています。**
- **改正法では、債権譲渡の利便性を高めるため、債権者・債務者の間で契約により、「譲渡制限の意思表示」をした場合であっても、債権譲渡は原則として有効とされました。ただし、預貯金債権について譲渡制限特約が付されている場合において、その預貯金債権が譲渡された場合、悪意・重過失の譲受人との関係では、譲渡が無効（物権的無効）とされます。**

改正の概要

1．現行民法における債権譲渡

（1）　債権譲渡自由の原則

現行民法466条1項は、指名債権が一般的に譲渡性のあることを定めています（これを「**債権譲渡自由の原則**」といいます。）。

これに対して、現行民法466条2項本文は、債権について譲渡禁止特約のある場合には、特約に違反して譲渡されても譲渡の効力が生じない（物権的無効）ことを定めています。ただし、これを貫くと取引の安全が害されるため、非譲渡性について例外を設け（現466条2項ただし書）、善意の譲受人に対しては譲渡性のないことを主張できないこととしています。

新	旧
（債権の譲渡性） 第466条（略） 2　当事者が債権の譲渡を禁止し、又は制限する旨の意思表示（以下「譲渡制限の意思表示」という。）をしたときであっても、債権の譲渡は、その効力を妨げられない。 3　前項に規定する場合には、譲渡制限の意思表示がされたことを知り、又は重大な過失によって知らなかった譲受人その他の第三者に対しては、債務者は、その債務の履行を拒むことができ、かつ、譲渡人に対する弁済その他の債務を消滅させる事由をもってその第三者に対抗することができる。 4　前項の規定は、債務者が債務を履行しない場合において、同項に規定する第三者が相当の期間を定めて譲渡人への履行の催告をし、その期間内に履行がないときは、その債務者については、適用しない。	（債権の譲渡性） 第466条（同左） 2　前項の規定は、当事者が反対の意思を表示した場合には、適用しない。ただし、その意思表示は、善意の第三者に対抗することができない。

（2）　立証責任

この場合、規定上は、譲受人が善意を立証しなければならないように読めますが、判例（最一小判昭和48年7月19日民集27巻7号823頁）は「民法466条2項は債権の譲渡を禁止する特約は善意の第三者に対抗することができない旨規定し、その文言上は第三者の過失の有無を問わないかのようであるが、重大な過失は悪意と同様に取り扱うべきものであるから、譲渡禁止の特約の存在を知らずに債権を譲り受けた場合であっても、これにつき**譲受人に重大な過失があるときは、悪意の譲受人と同様、譲渡によってその債権を取得しえない**ものと解するのを相当とする」と判示したうえで、第三債務者（債権譲渡禁止特約の効果を主張する者）が、譲受人の悪意・重過失を立証することを求めています。

（3）　預貯金債権の譲渡禁止特約

預貯金債権についても、金融機関と預金者との間で譲渡禁止の特約がなされるのが通常です。これは、預貯金債権が自由に譲渡し得るものとすると、二重に債権譲渡がなされた場合に、金融機関としては真の譲受人を確認して払い戻す必要が生じて、金融機関に煩雑な払戻し手続が要求される結果となるからです。

預金約款における預金債権の譲渡禁止特約の規定例

11（譲渡、質入れ等の禁止）
(1) この預金、預金契約上の地位その他この取引に係る一切の権利及び通帳については、譲渡、質入れその他第三者の権利の設定、若しくは第三者に利用させることはできません。
(2) 当行がやむを得ないものと認めて質入れその他第三者の権利の設定を承諾する場合には、当行所定の書面により行います。

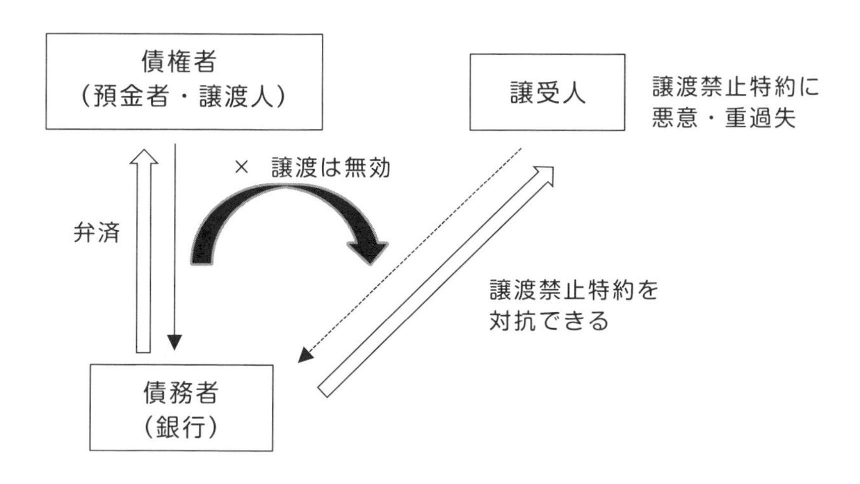

2．改正民法における債権譲渡

（1） 譲渡禁止から譲渡制限へ

改正民法では、債権譲渡の利便性を高めるため、債権者・債務者の間で契約により、「譲渡制限の意思表示」をした場合であっても、債権譲渡は原則として有効とされました（改正466条2項）。

ただし、譲渡制限の意思表示がされたことについて悪意又は重過失の譲受人その他の第三者に対しては、債務者は、その債務の履行を拒むことができ、かつ、譲渡人に対する弁済その他の債務を消滅させる事由をもってその第三者に対抗することができることとされました（同条3項）。これは、悪意・重過失の譲受人に対して、①債務者は譲渡制限特約を主張して履行を拒絶できること、②債務者は譲渡人に対する弁済、相殺その他の債権消滅事由により対抗できること、③債権者でなくなった債権者（譲渡人）に対する弁済・相殺等が有効であることを意味します。

この場合に、債務者が債務を履行しない場合において、譲受人その他の第三者が相当の期間を定めて譲渡人（債権者）への履行の催告をし、その期間内に履行がないときは、債務者は譲渡制限特約をもって、悪意・重過失の譲受人の履行請求を拒むことはできません（同条4項）。これは、債務者が履行しない場合のデッドロックを解消するための規定です。

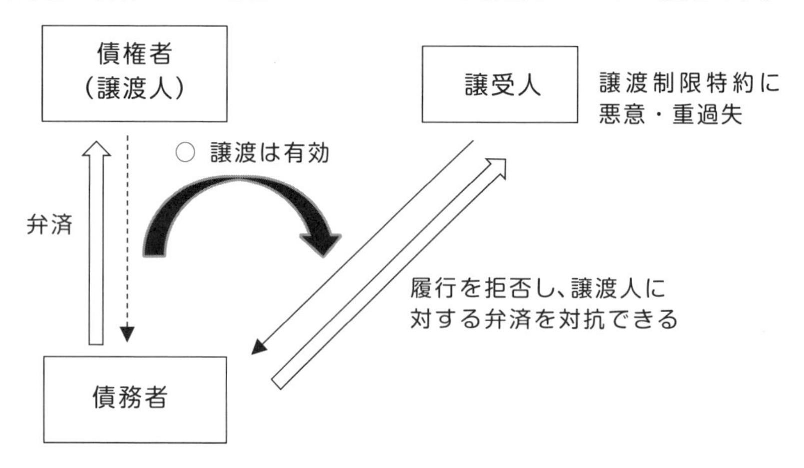

（2） 預貯金債権の譲渡制限特約

上記のとおり、指名債権の譲渡については、譲渡制限特約がなされても、原則として債権譲渡は有効とされました（改正466条2項）が、預貯金債権に関しては、新たに466条の5に特則が設けられました。

改正民法466条の5第1項では、預貯金債権について譲渡制限特約が付されている場合に、その預貯金債権が譲渡された場合、**悪意・重過失**

の譲受人との関係では、譲渡が無効（物権的無効）とされます。

新	旧
（預金債権又は貯金債権に係る譲渡制限の意思表示の効力） 第466条の5　預金口座又は貯金口座に係る預金又は貯金に係る債権（以下「預貯金債権」という。）について当事者がした譲渡制限の意思表示は、第466条第2項の規定にかかわらず、その譲渡制限の意思表示がされたことを知り、又は重大な過失によって知らなかった譲受人その他の第三者に対抗することができる。 2　前項の規定は、譲渡制限の意思表示がされた預貯金債権に対する強制執行をした差押債権者に対しては、適用しない。	（新設）

この規定によれば、現行民法466条2項と同様に、譲渡制限特約付預貯金債権が悪意・重過失の譲受人に譲渡された場合、当該債権の債権者は譲渡人であって、譲受人ではありません。

これは、①預金債権が大量に存在するうえに、債権者からの要求があった場合には直ちに払い戻さなければならないものであり、②債権者が交替することを認めると、払戻事務を円滑に行うことができず、預金者にとっても支障が生ずることになる等の理由に基づき、預貯金債権について特則を設けるものです。

なお、預貯金債権を差し押えた者に対しては、債務者（金融機関）は、譲渡制限特約を対抗することはできません（改正466条の5第2項）。

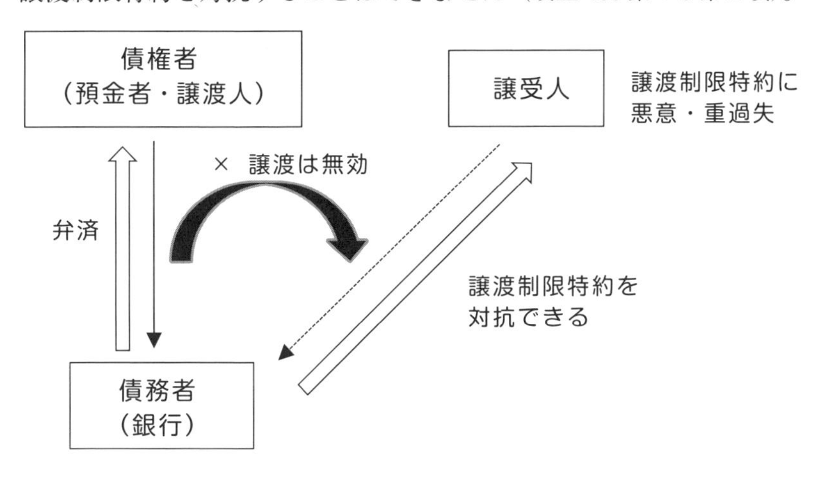

実務への影響と留意点

預金約款における譲渡禁止特約の規定は、題名を**譲渡制限特約**に変更する必要がありますが、内容については変更する必要は特にないと思われます。

預金約款における預金債権の譲渡制限特約の規定の例

> 11（譲渡、質入れ等の制限）
> (1) この預金、預金契約上の地位その他この取引にかかる一切の権利及び通帳については、譲渡、質入れその他第三者の権利の設定、若しくは第三者に利用させることはできません。
> (2) 当行がやむを得ないものと認めて質入れその他第三者の権利の設定を承諾する場合には、当行所定の書面により行います。

10 契約の解除

実務 Point

✎改正民法により、催告解除は、「不履行が軽微か否か」が基準となるのに対して、無催告解除は「契約目的が達成できるか否か」が基準となります。

✎暴力団排除条項に基づく無催告解除条項は、契約目的が達成できない場合として、改正民法下でも有効であると考えられます。

改正の概要

1．催告解除と無催告解除

1章9節において説明したとおり、改正民法では、「契約の解除」について、催告解除（改正541条）と無催告解除（改正542条）が定められます。催告解除は、「**不履行が軽微か否か**」が基準となるのに対して、無催告解除は「**契約目的が達成できるか否か**」が基準となります。

解除の基準

催告解除	不履行が軽微か否か
無催告解除	契約目的が達成できるか否か

催告解除と無催告解除の関係

催 告 解 除	不履行が軽微ではない （催告解除可能）		不履行が軽微 （催告解除は不可）
無催告解除	契約目的が達成できない （無催告解除可能）		契約目的は達成できる （無催告解除不可）

催告解除はできる（不履行が軽微ではない）が
無催告解除は不可（契約目的は達成できる）。

新	旧
（催告による解除） 第541条　当事者の一方がその債務を履行しない場合において、相手方が相当の期間を定めてその履行の催告をし、その期間内に履行がないときは、相手方は、契約の解除をすることができる。ただし、その期間を経過した時における債務の不履行がその契約及び取引上の社会通念に照らして軽微であるときは、この限りでない。	（履行遅滞等による解除権） 第541条　当事者の一方がその債務を履行しない場合において、相手方が相当の期間を定めてその履行の催告をし、その期間内に履行がないときは、相手方は、契約の解除をすることができる。
（催告によらない解除） 第542条　次に掲げる場合には、債権者は、前条の催告をすることなく、直ちに契約の解除をすることができる。 一　債務の全部の履行が不能であるとき。 二　債務者がその債務の全部の履行を拒絶する意思を明確に表示したとき。 三　債務の一部の履行が不能である場合又は債務者がその債務の一部の履行を拒絶する意思を明確に表示した場合において、残存する部分のみでは契約をした目的を達することができないとき。 四　契約の性質又は当事者の意思表示により、特定の日時又は一定の期間内に履行をしなければ契約をした目的を達することができない場合において、債務者が履行をしないでその時期を経過したとき。 五　前各号に掲げる場合のほか、債務者がその債務の履行をせず、債権者が前条の催告をしても契約をした目的を達するのに足りる履行がされる見込みがないことが明らかであるとき。	（定期行為の履行遅滞による解除権） 第542条　契約の性質又は当事者の意思表示により、特定の日時又は一定の期間内に履行をしなければ契約をした目的を達することができない場合において、当事者の一方が履行をしないでその時期を経過したときは、相手方は、前条の催告をすることなく、直ちにその契約の解除をすることができる。

2　次に掲げる場合には、債権者は、前条の催告をすることなく、直ちに契約の一部の解除をすることができる。 一　債務の一部の履行が不能であるとき。 二　債務者がその債務の一部の履行を拒絶する意思を明確に表示したとき。	

実務への影響と留意点

1. 暴力団排除条項

預金約款においては、次ページの「暴力団排除条項の例」のとおり、反社会的勢力排除条項が定められ、反社会的勢力に該当する場合には、無催告解除が認められます。

改正民法下においても、このような場合には、「契約目的が達成できない」と考えられるので、実務上は、契約条項の変更は特に必要ないでしょう。

暴力団排除条項の例

この預金口座は、次の①～③までのいずれにも該当しない場合に利用することができ、次の①～③までの一つにでも該当する場合には、当行はこの預金口座の開設をお断りするものとします。

また、次の①～③までの一つにでも該当した場合には、当行はこの預金取引を停止し、又は預金者に通知することによりこの預金口座を解約することができるものとします。

①この預金の預金者が口座開設申込時にした表明・確約に関して虚偽の申告をしたことが判明した場合

②この預金の預金者が、次のＡ～Ｆまでのいずれかに該当したことが判明した場合

Ａ　暴力団

Ｂ　暴力団員

Ｃ　暴力団準構成員

Ｄ　暴力団関係企業

Ｅ　総会屋等、社会運動等標ぼうゴロ又は特殊知能暴力集団等

Ｆ　その他前記Ａ～Ｅに準ずる者

③この預金の預金者が、自ら又は第三者を利用して、次のＡ～Ｅまでのいずれかに該当する行為をした場合

Ａ　暴力的な要求行為

Ｂ　法的な責任を超えた不当な要求行為

Ｃ　取引に関して、脅迫的な言動をし、又は暴力を用いる行為

Ｄ　風説を流布し、偽計を用い又は威力を用いて当行の信用を毀損し、又は当行の業務を妨害する行為

Ｅ　その他前記Ａ～Ｄに準ずる行為

3章

貸出・管理・回収

1 諾成的消費貸借

実務 Point

- ✏消費貸借は、借主が貸主から金銭等を受け取ることによって初めて効力が発生するのが原則ですが（要物契約）、書面でする消費貸借は、貸主が借主に金銭等を引き渡し、借主が同じものを返還することを合意することによって効力が発生することとされました（諾成的消費貸借）。
- ✏諾成的消費貸借契約が成立した場合、貸主は「貸す債務」を負うことになるため、金融機関が無条件に「貸す債務」を負うことがないように手当をする必要があります。

改正の概要

貸出業務の実務は、金銭消費貸借契約を締結することによって行われていますが、その効力はあくまで借主が金融機関から金銭等を受け取ることによって初めて生じるものとされています。

改正民法においては、以下のとおり、合意により効力が発生する諾成的消費貸借に関する規定が設けられました。

1．書面でする消費貸借に関する規定の新設

現行民法では、消費貸借は、借主が貸主から金銭等を受け取ることによって初めて効力が発生する要物契約であると定められています（現587条）。もっとも、一般には、明文には定められていない非典型契約と

して、（金銭等を受け取る前から）合意によって効力が発生する諾成的消費貸借も認められると解されており、判例もこれを認めています（最二小判昭和48年3月16日金法683号25頁等）。

改正民法では、消費貸借が原則として要物契約であるとしつつ（587条）、諾成的消費貸借に関する規定を新設しました（改正587条の2）。すなわち、**書面でする消費貸借は、貸主が借主に金銭等を引き渡し、借主が同じものを返還することを合意することによって効力が発生する**こととされました。このように、改正民法では、諾成的消費貸借契約の成立には、書面（電磁的記録を含みます。）で合意することが必要であるとされたため（改正587条の2第1項及び4項）、**口頭による諾成的消費貸借の効力は認められない**と考えられています。

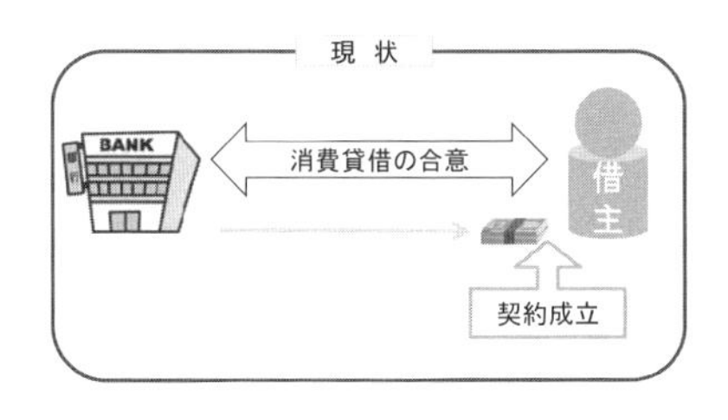

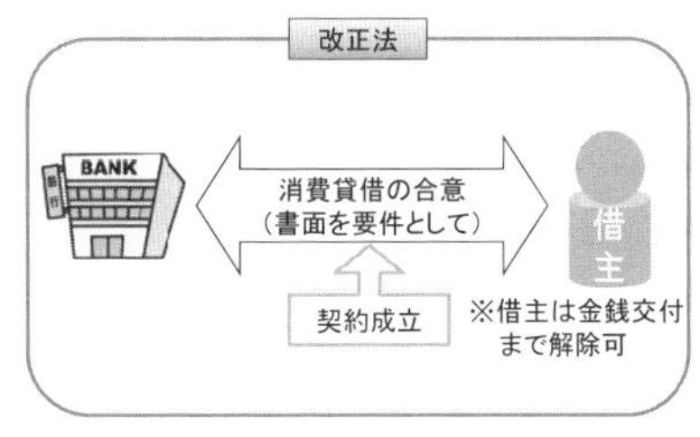

［出典］法務省民事局「民法（債権関係）の改正に関する説明資料―主な改正事項」（以下「法務省説明資料」といいます。）

要物契約と諾成的消費貸借契約の効力発生要件

条文	効力発生要件
原則：587条 要物契約	①借主が貸主から金銭等を受け取ること ②借主が貸主から受け取った物と同じ物をもって返還することを約すること
例外：改正587条の2 諾成的消費貸借	①書面でする消費貸借であること ②貸主が借主に金銭等を引き渡すことを約すること ③借主が貸主から受け取った物と同じ物をもって返還することを約すること

2．諾成的消費貸借における引渡前の借主の解除権・当事者の破産

諾成的消費貸借契約が成立した場合、借主は「借りる債務」を負うことになります。もっとも、金銭等の引渡し前に資金需要がなくなった借主に金銭等の受取りを強制したうえで、改めて返還させることに意味があるとはいえないなどと考えられたことから、**借主は、金銭等を受け取るまで、諾成的消費貸借契約を解除することができ、貸主は、当該解除によって損害を受けたときは借主に損害賠償を請求することができる**こととされました（改正587条の2第2項）。

他方、諾成的消費貸借契約が成立した場合、貸主は「貸す債務」を負うことになります。もっとも、金銭等を引き渡す前に借主が破産手続開始決定を受けた場合にまで、貸主に、弁済の資力がなくなった借主に対して金銭等を貸す債務を負担させるのは不公平であると考えられます。また、金銭等を引き渡す前に貸主が破産手続開始決定を受けた場合にまで諾成的消費貸借契約の効力を維持すると、借主は貸主に対する金銭等の交付請求権を破産債権として届出をして配当を受けた後、その金額を返還し、管財人はその分の追加配当をすることになり、手続が煩雑であるなどの問題が生じます。そこで、**諾成的消費貸借契約は、借主が金銭等を受け取る前に当事者の一方が破産手続開始の決定を受けたときは、その効力を失う**こととされました（改正587条の2第3項）。

諾成的消費貸借における金銭等の引渡前のルール

改正条文	ルール
587条の2第2項	借主は契約を解除できる。 ※ただし、貸主は解除によって受けた損害の賠償を請求できる。
587条の2第3項	当事者の一方が破産手続開始の決定を受けたときは効力を失う。

3．経過措置

上記の諾成的消費貸借に関する改正民法の規定は、施行日前に締結された消費貸借契約及びこれに付随する特約には適用されず、現行民法が

適用されることとなっています（改正附則34条1項）。したがって、改正民法の規定は、施行日後に締結された消費貸借契約等に適用されることになります。

新	旧
（書面でする消費貸借等） 第587条の2　前条の規定にかかわらず、書面でする消費貸借は、当事者の一方が金銭その他の物を引き渡すことを約し、相手方がその受け取った物と種類、品質及び数量の同じ物をもって返還をすることを約することによって、その効力を生ずる。 2　書面でする消費貸借の借主は、貸主から金銭その他の物を受け取るまで、契約の解除をすることができる。この場合において、貸主は、その契約の解除によって損害を受けたときは、借主に対し、その賠償を請求することができる。 3　書面でする消費貸借は、借主が貸主から金銭その他の物を受け取る前に当事者の一方が破産手続開始の決定を受けたときは、その効力を失う。 4　消費貸借がその内容を記録した電磁的記録によってされたときは、その消費貸借は、書面によってされたものとみなして、前三項の規定を適用する。	（新設）

実務への影響と留意点

1．金銭消費貸借契約書

諾成的消費貸借契約においては、金融機関が「貸す債務」を負うという問題がありますが、現行民法のもとでの貸出実務においても、諾成的消費貸借契約が成立することを前提とした取引は行われています。例えば、**コミットメントライン契約やシンジケートローン契約においては、金銭消費貸借契約書において貸付人が貸付義務を負うことが定められているのが通常**です（日本ローン債権市場協会「コミットメントライン契約書（JSLA平成25年版）」2条等）。もっとも、これらの契約では、貸付人が無条件に貸付義務を負うことがないよう、期限の利益喪失事由が発生した場合における貸付人の貸付義務の消滅や、貸付実行の前提条件が定められているのが通常です（同契約書6条等）。このように、金融機関が「貸す債務」を免除される場合について明確に定められるなどして、「貸す債務」を負う場合が適切に限定されていれば、諾成的消費貸借契約が成立しても問題はないと考えられます。

他方、通常のローン契約等では、金銭消費貸借契約においてそのような手当はされていないのが一般的であると思われるため、**仮に契約関連書面の授受の時点で諾成的消費貸借契約の成立が認められてしまうと、当該時点で金融機関が無条件に「貸す債務」を負担することになるおそれ**があります。すなわち、前述のとおり、改正民法においては、契約成立から貸出実行までの間に、借主が破産手続開始決定を受けた場合には、諾成的消費貸借契約はその効力を失うものとされていますが、破産手続開始の申立てや、破産以外の倒産手続開始の申立てや開始決定がされた場合については、そのような規定は定められていませんし、差押え等のその他の信用不安事由が生じた場合についても、諾成的消費貸借契約の効力は維持され、金融機関が「貸す債務」を負うことになるおそれがあります。このような場合には、金融機関が不安の抗弁を主張することにより貸付を拒絶することができるともいわれていますが、改正民法においては不安の抗弁の明文化が見送られたこともあり、約定上の手当てをしておくべきであるといえるでしょう。

現行民法のもとにおいても、金銭等の引渡前の契約関連書面の授受の時点において諾成的消費貸借契約は成立し得るため、同様の問題は生じ得たのですが、本部稟議など内部決裁の必要性を借主が認識できたことなどを理由に諾成的消費貸借契約の成立が認められることはほとんどなかったと思われます。もっとも、改正民法においては、諾成的消費貸借契約の成立要件が明文化され、ここでいう**「書面」要件の意義について、厳格に解すべきではないとの見解もみられる**ことから、前述したとおり約定上の手当てをしておくべきように思われます。

このような場合における手当ての方法としては、前述した**コミットメントライン契約やシンジケートローン契約のように、契約書上、金融機関が貸付義務を免除される場合について定めておき、無条件に貸付義務を負うことがないようにしておくこと**が考えられます。また、契約関連書面の授受の時点では消費貸借契約が成立しないように、**金銭の引渡時**

を効力発生時期（効力発生条件）とする旨を当該書面に定めておくことも考えられます。後者については、停止条件付法律行為は、その条件が単に債務者（「貸す債務」を負う貸主）の意思のみに係るとき（随意条件）は無効とされること（134条）との関係が問題であるといわれています。もっとも、契約成立前の段階を当事者が意識的にコントロールする合意として効力を認めるべきとする見解や、無効となっても実際に金銭等が引き渡されればそこで改めて消費貸借契約が成立するとする見解もあるため、前者の方法をとるのが難しい取引等で検討することも考えられます。

2．借主とのやり取り

現行民法においては、契約関連書類の授受を行う前であっても、金融機関の担当者が融資の確約をするようなやり取りをしていた場合には、諾成的消費貸借契約の成立が認められる可能性もあり、少なくともそのような紛争が生じることはありました。しかし、**改正民法においては、諾成的消費貸借契約の成立は書面による必要があることが明文化されたため、書面がないというだけで諾成的消費貸借契約の成立は認められないことになる**と思われます。もっとも、消費貸借の（一方の）予約については、口頭でも成立するとの解釈はあり得ますので、やはりこのようなやり取りは行われることのないよう、留意すべきといえます。

なお、現行民法においては、消費貸借の予約が可能であることを前提とする規定として、消費貸借の予約は、その後に当事者の一方が破産手続開始決定を受けたときはその効力を失う旨を定めた規定（現589条）がありましたが、改正民法においては削除されました。これは、前述した改正587条の2第3項が定められたことにより存在意義を失っているとして削除されたものであり、改正民法においても消費貸借の予約をすること自体は可能であると解されています。

また、改正民法においては、諾成的消費貸借契約は、前述のとおり、電磁的記録によっても成立するとされていますので、例えば、**顧客との**

メールのやり取りによっても成立する可能性があります。したがって、顧客とのメールで、具体的な貸付条件等のやり取りをしているような場合には、消費貸借の合意が成立したと評価されるようなことがないよう、留意すべきです。

2 法定利率

実務 Point

- **法定利率は５％から３％に変更され、緩やかな変動制が採用されることになりました。**
- **約定利率の定めがあれば法定利率は適用されないため、利息及び遅延損害金に係る約定利息の定めがある貸出実務への影響はありません。ただし、約定利率の定めがない取引には影響があるため注意が必要です。**

改正の概要

貸出業務の実務では、利息及び損害金のそれぞれについて約定利率が定められているのが通常ですが、改正民法においては、以下のとおり、法定利率に関する改正が行われました。

1．法定利率の変更

法定利率について、現行民法は「利息を生ずべき債権について別段の意思表示がないときは、その利率は、年５分とする。」（現404条）と定めており、現行商法は「商行為によって生じた債務に関しては、法定利率は、年６分とする。」（現行商法514条）と定めています。

このように、現行民法及び現行商法における法定利率は、現在の金利情勢と比較すると高過ぎるとの批判があったことから、改正民法においては、**法定利率を年３％に引き下げる**とともに（改正404条２項）、一定のルールに基づき、**3年を1期として見直す制度**に改められました。これに伴い、商事法定利率（現行商法514条）も廃止されます。

法定利率は、3年ごとに見直すこととして、その変動のルールは次のように定められています（改正404条3項～5項）。すなわち、変動の指標となる金利については、**各月に銀行が新たに行った貸付のうち貸付期間が1年未満の短期貸付における約定平均金利**を採用したうえで、**過去5年間60ヵ月**（各期の初日の属する年の6年前の年の1月から前々年の12月まで）**の当該指標金利を合計し、60で除して計算した割合を「基準割合」**として、その変動を比較することとされました。そのうえで、当期の法定利率は、**当期の基準割合と直近変動期の基準割合の金利差が1%以上生じたときは、その金利差**（1%未満の端数は切り捨て）**を、直近変動期の法定利率に加算又は破産**した割合とすることとされました。したがって、変動幅が1%未満である場合には法定利率の変動はないこととなりますので、かなり緩やかな変動制が採用されたということができます。

法定利率の変動の例

直近変動期：20●0年　基準割合2.0%
（過去5年間の新規短期貸付の約定平均金利）

法定利率を3.0%から4.0%に引き上げ

↓ 3年後

当　　期：20●3年　基準割合2.5%
（過去5年間の新規短期貸付の約定平均金利）

2.5%－2.0%＝0.5%＜1 ⇒法定利率は4.0%で据え置き

↓ 3年後

当　　期：20●6年　基準割合3.1%
（過去5年間の新規短期貸付の約定平均金利）

3.1%－2.0%＝1.1%＞1 ⇒法定利率を5.0%（＋1.1%のうち1%未満を切り捨てて4.0%に加算）に変更

利息債権に適用される法定利率は、利息が最初に発生した時点の法定利率になり（改正404条1項）、適用される法定利率がいったん決まれば、その後、法定利率が変動することがあっても、当該利息債権に適用される法定利率が変わることはありません。例えば、消費貸借契約であれば、通常、貸付金が引き渡されたときから利息が発生するため（改正589条2項）、当該貸付債権に適用される法定利率は、当該引渡時の法定利率が適用されることになります。

なお、改正附則15条1項は、「施行日前に利息が生じた場合におけるその利息を生ずべき債権に係る法定利率については、新法第404条の規定にかかわらず、なお従前の例による。」と定めているため、施行日後に利息が生じた場合における利息債権から改正民法404条が適用され、法定利率が3％になります。

2．損害金利及び中間利息控除に用いられる法定利率

法定利率は、①利息債権における利息の計算のほかにも、②金銭債務の不履行における**遅延損害金**（遅延利息）の計算、③**中間利息控除**（将来取得すべき利益又は将来負担すべき費用についての損害賠償の額を定める場合において、その将来のときまでの利息相当額を控除すること）の場面でも用いられます。

②遅延損害金としての法定利率については、現行民法においても定められていますが（現419条1項）、改正民法においては、その適用される法定利率が「**債務者が遅滞の責任を負った最初の時点における法定利率**」である旨が定められました（改正419条1項）。

③中間利息控除に用いられる法定利率については、現行民法においては明文の規定はなかったため、改正民法においては新たに明文の規定をおき、その適用される法定利率が「**その損害賠償の請求権が生じた時点における法定利率**」である旨が定められました（改正417条の2）。

中間利息控除のイメージ

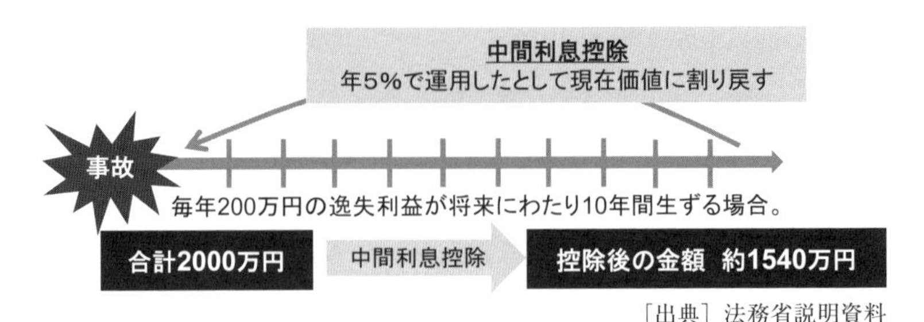

［出典］法務省説明資料

3．経過措置

施行日前に利息が生じた場合におけるその債権に係る法定利率については、現行民法が適用されます（改正附則15条1項）。

なお、改正民法の規定により初めて法定利率の変動があるまでの間、改正民法の法定利率の変動に関する規定を適用するに当たっては、直近変動期は改正民法施行後最初の期とし、直近変動期における法定利率は３％であることとして適用するものとされています（同条２項）。

新	旧
（法定利率） 第404条　利息を生ずべき債権について別段の意思表示がないときは、その利率は、その利息が生じた最初の時点における法定利率による。	（法定利率） 第404条　利息を生ずべき債権について別段の意思表示がないときは、その利率は、年5分とする。
2　法定利率は、年3パーセントとする。	（新設）
3　前項の規定にかかわらず、法定利率は、法務省令で定めるところにより、3年を一期とし、一期ごとに、次項の規定により変動するものとする。	（新設）
4　各期における法定利率は、この項の規定により法定利率に変動があった期のうち直近のもの（以下この項において「直近変動期」という。）における基準割合と当期における基準割合との差に相当する割合（その割合に一パーセント未満の端数があるときは、これを切り捨てる。）を直近変動期における法定利率に加算し、又は減算した割合とする。	（新設）
5　前項に規定する「基準割合」とは、法務省令で定めるところにより、各期の初日の属する年の6年前の年の1月から前々年の12月までの各月における短期貸付けの平均利率（当該各月において銀行が新たに行った貸付け（貸付期間が1年未満のものに限る。）に係る利率の平均をいう。）の合計を60で除して計算した割合（その割合に0.1未満の端数があるときは、これを切り捨てる。）として法務大臣が告示するものをいう。	（新設）

実務への影響と留意点

金融機関の貸出実務においては、利息及び損害金は、それぞれ約定利率が定められているのが通常であり、このような場合には**法定利率ではなく約定利率が適用される**ことになります。したがって、**改正民法における法定利率の変更が金融機関の貸出実務に影響を与えることは、通常はない**であろうと考えられます。

もっとも、貸出以外の取引については、金融機関の取引においても約定利率が定められていない場合はありますので、その場合には改正民法の影響を受けることになる点には注意が必要です。例えば、預金規定においては、利息に関する定めはありますが、遅延損害金に関する定めはないのが一般的であると思われます。したがって、預金の弁済期が到来したにもかかわらず、金融機関がその払戻しを遅滞した場合には、金融機関が負担する遅延損害金は、遅滞の責任を負った最初の時点における法定利率が適用されることになります。

3 銀行取引約定書・カードローン規約・住宅ローン規約と定型約款

実務 Point

- **銀行取引約定書は定型約款に該当しないと考えられますが、消費者向けのカードローンや住宅ローンの規約は、通常は定型約款に該当すると考えられます。**
- **約定型約款に該当するものについては、**
  - **①みなし合意が認められるための組入要件を充たすか**
  - **②不当条項・不意打ち条項が入っていないか**
  - **③定型約款の内容の表示請求への対応準備ができているか**
  - **④定型約款の変更に関する規定を定めているか**

などについて、チェックしておく必要があります。

改正の概要

現行民法において約款に関する規定はありませんでしたが、改正民法においては定型約款に関する規定が新たに設けられました。貸出業務との関係では、銀行取引約定書、カードローン規約、住宅ローン規約といったものが定型約款に該当するのか問題になり得ます。

以下では、定型約款に関する規律を概観しつつ、貸出業務に与える影響について説明します。

1．定型約款に関する規律の新設

約款は様々な取引において利用されており、大量の取引を合理的、効率的に行うための手段として重要な意義を有しています。他方、このような約款を用いた契約においては、約款の内容を相手方が十分に認識しないまま契約を締結することが少なくないことや、個別条項についての交渉がされないことなどから、相手方の利益が害される場合があるのではないかといった問題が指摘されています。

現行民法においては、約款に関する規定はありませんが、判例や裁判例において、約款に定められた個別の各条項について、当事者間での合意の効力が認められてきました。もっとも、いかなる条項であっても合意の効力が認められてきたわけではなく、また、約款の定義自体が一義的に定められていないこともあり、個別事案に応じた解釈に委ねられてきたといえます。

そこで、改正民法においては、「定型約款」という定義を定めたうえで、この定型約款に当たるもののみその規律の対象とし、合意の効力が認められる場合などについて定めています。具体的には、定型約款における個別の条項について合意したとみなされるための要件（改正548条の2第1項）、そのみなし合意の効力が否定される不当条項・不意打ち条項に関する規制（同条2項）、定型約款の内容の表示に関する規定（改正548条の3）、定型約款の変更に関する規定（改正548条の4）が定められています。

2．定型約款の該当性

（1） 定型約款の定義

「定型約款」の定義については、改正548条の2第1項に定められており、これを要件として分けてみると、下表のとおりとなります。①「定型取引」、すなわち、ｉ）不特定多数の者を相手方として行う取引であり（**不特定多数要件**）、かつ、ⅱ）取引の内容の全部又は一部が画一的であることが契約当事者双方にとって合理的である取引（**画一性要件**）、に用いられていること、②契約の内容とすることを目的として準備されたものであること（**目的要件**）という要件を充たすものが定型約款であるということができます。

①ⅰ）不特定多数要件については、**相手方の個性に着目した取引は定型約款に該当しない**ことを明確にするためであるといわれています。

①ⅱ）画一性要件については、多数の相手方に対して同一の内容で契約を締結することが通常であり、相手方が交渉を行わず一方当事者が準備した契約条項の総体をそのまま受け入れて契約の締結に至ることが取引通念に照らして合理的である取引を意味するなどと解されています。したがって、**結果的に契約内容が画一的であることが大半である取引であっても、その理由は単なる交渉力の格差によるものに過ぎなければ、画一性要件は充たさない**ことになります。

②目的要件は、当該定型約款を契約内容に組み入れることを目的とするという意味です。契約のひな型やたたき台など、当該取引においては、通常の契約内容を十分に吟味し、交渉するのが通常であるといえる場合は、「契約の内容とすることを目的」にしているといえないため、定型約款に当たらないことになると考えられます。

定型約款の要件

<table>
<tr><td rowspan="2">①「定型取引」に用いられていること</td><td>ⅰ）不特定多数要件
不特定多数の者を相手方として行う取引であること</td></tr>
<tr><td>ⅱ）画一性要件
取引の内容の全部又は一部が画一的であることが契約当事者双方にとって合理的であること</td></tr>
<tr><td colspan="2">②目的要件
契約の内容とすることを目的として準備されたものであること</td></tr>
</table>

（2）　銀行取引約定書

事業者向けに貸出取引を行う場合等に締結される**銀行取引約定書については、定型約款には該当しない**ものと考えられます。

すなわち、銀行取引約定書は、定性・定量にわたる総合的な審査を経て締結されるものであることから相手方の個性に着目した取引であり、不特定多数要件を充たさないと考えられます。また、銀行取引約定書は、原則として同一内容にて締結されるものの、一方で契約締結交渉過程において修正交渉の申入れがあることや、さらには実際に修正に応じることもあることから、画一性要件を欠くと考えられます。実際に修正されることがレアケースであったとしても、それは単なる交渉力の格差によるものに過ぎず、銀行取引約定書が適用される取引について、契約内容を画一的にすることが双方にとって合理的であるというわけではないと思われます。また、顧客は、所要の説明を受けて、内容を確認したうえで、銀行取引約定書書面に記名押印を行うのが実務であり、契約内容を十分に吟味するのが通常であるといえるため、目的要件も欠くと考えられます。

衆議院法務委員会議事録第15号（平成28年12月9日）民事局長答弁においても、取引の実態によるものの、銀行取引約定書は個別交渉して修正されることがあり、画一性要件を充たさないため定型約款には該当しないと説明されています。

(3) カードローン規約・住宅ローン規約

消費者向けの商品であるカードローンや住宅ローンの規約については、通常は定型約款に該当するものと考えられます。

すなわち、消費者向けのカードローンや住宅ローンは、金融機関が不特定多数の借主を相手方とすることが予定されているため、不特定多数要件を充たすものと考えられます。借入に当たっては、顧客の収入、資産等を踏まえた一定の審査が行われているものの、このような審査は画一的な基準に従って行われているに過ぎないため、個性に着目しているとはいえないでしょう。また、画一的な取引とすることにより、貸主にとっては事務の定型化による正確性・迅速性の確保やコスト低減を図ることができ、借主にとっては、正確かつ迅速なサービスを平等かつ低額で利用できるというメリットを享受することができ、双方にとって合理的であるといえるため、画一性要件を充たすものと考えられます。加えて、これらの規約は、借主が個別の条項の内容を逐一検討していなくても、契約の内容とすることを目的として準備されたものといえるため、目的要件を充たすものと考えられます。

もっとも、例えばアパートローンのように、事業性の住宅ローンである場合については、個別の事案に応じて借主との間で交渉をしながら契約を締結することが予定されている場合もあり得るため、そのような実態がある場合には、画一性要件を充たさないとも考えられますし、借主が契約内容を十分に吟味するのが通常であるため、目的要件を充たさないと考える余地もあります。

前掲民事局長答弁においても、消費者ローン規約は定型約款に該当すると説明されていますし、住宅ローン規約についても、取引の実態によるという留保はあるものの、定型約款に該当すると説明されています。

3．定型約款に関する規律の概要

（1）　みなし合意（組入要件）

定型約款に該当する場合において、そこに定められた個別の各条項について、当然に合意の効力が認められるわけではありません。

改正民法においては、①**定型約款を契約の内容とする旨の合意をしたとき**、又は②**定型約款を準備した者があらかじめその定型約款を契約の内容とする旨を相手方に表示していたとき**、という要件を充たす場合には、**個別の条項についても合意をしたものとみなす**とされています（改正548条の2第1項）。

すなわち、前述したとおり、（定型）約款を用いる取引については、個別条項についての交渉がされないまま契約が締結されるのが通常であり、相手方（顧客）が個別の条項について逐一認識しないまま契約を締結することが少なくないため、そこに定められた個別の各条項について、合意の効力が認められるのかが問題となり得ます。この点、改正民法においては、定型約款に該当するものについては、相手方が定型約款に定められた個別の各条項について逐一認識していないような場合等であっても、定型約款準備者が相手方との間で特定の定型約款を契約の内容とする旨を合意しているといえる場合や、定型約款準備者から相手方に対してあらかじめ特定の定型約款を契約の内容する旨を表示している場合であれば、個別の各条項についても合意をしたものとみなすことにしたものです。

みなし合意の要件（組入要件）

①定型約款を契約の内容とする旨の合意をしたとき
②定型約款準備者があらかじめその定型約款を契約の内容とする旨を相手方に表示していたとき

新	旧
（定型約款の合意） 第548条の2　定型取引（ある特定の者が不特定多数の者を相手方として行う取引であって、その内容の全部又は一部が画一的であることがその双方にとって合理的なものをいう。以下同じ。）を行うことの合意（次条において「定型取引合意」という。）をした者は、次に掲げる場合には、定型約款（定型取引において、契約の内容とすることを目的としてその特定の者により準備された条項の総体をいう。以下同じ。）の個別の条項についても合意をしたものとみなす。 一　定型約款を契約の内容とする旨の合意をしたとき。 二　定型約款を準備した者（以下「定型約款準備者」という。）があらかじめその定型約款を契約の内容とする旨を相手方に表示していたとき。 2　前項の規定にかかわらず、同項の条項のうち、相手方の権利を制限し、又は相手方の義務を加重する条項であって、その定型取引の態様及びその実情並びに取引上の社会通念に照らして第1条第2項に規定する基本原則に反して相手方の利益を一方的に害すると認められるものについては、合意をしなかったものとみなす。	（新設）

（2）　不当条項規制・不意打ち条項規制

定型約款における条項のうち、「相手方の権利を制限し、又は相手方の義務を加重する条項であって、その定型取引の態様及びその実情並びに取引上の社会通念に照らして第1条第2項に規定する基本原則に反して相手方の利益を一方的に害すると認められるもの」については、みなし合意の効力が否定されることになります（改正548条の2第2項）。これは、**不当条項規制と不意打ち条項規制を融合した規定**と考えられています。

「**定型取引の態様**」という考慮要素が挙げられていますが、これは、契約の内容を具体的に認識しなくとも定型約款の個別の条項について合意をしたものとみなされるという定型約款の特殊性を考慮することとするものです。この特殊性に鑑みれば、相手方にとって予測し難い条項が置かれている場合には、その内容を容易に知り得る措置を講じなければ、信義則に反することとなる蓋然性が高いことが導かれます。

また、「**（取引）の実情**」や「**取引上の社会通念**」を考慮することとされていますが、これは信義則に反するかどうかを判断するに当たっては、当該条項そのもののみならず、取引全体に関わる事情を取引通念に照らして広く考慮することとするものであり、当該条項そのものでは相手方にとって不利であっても、取引全体をみればその不利益を補うような定めがあるのであれば全体としては信義則に違反しないと解されることになります。

現在でも、消費者契約法10条において、民法等の法律の公の秩序に関しない規定の適用による場合に比し、消費者の権利を制限し、又は消費者の義務を加重する消費者契約の条項であって、信義則に反して消費者の利益を一方的に害するものは無効であるとされています。しかし、改正548条の2第2項においては、前述したとおりの趣旨で各考慮事由が定められていることから、**消費者と事業者との間の格差に鑑みて不当な条項を規制しようとする消費者契約法10条とは趣旨を異にすること**が明らかになっているといわれています。したがって、**消費者契約法10条に違反しないものであっても改正548条の2第2項には違反する**として、**結論に違いが生ずることもあり得る**と考えられています。

改正548条の2第2項と消費者契約法10条の違い

①適用対象は、「消費者契約の条項」ではなく「定型約款の個別の条項」（事業者間契約にも適用あり）。
②権利制限・義務加重の比較対象としての「公の秩序に関しない規定の適用による場合に比して」との文言がない。
③信義則違反の判断基準として、「その定型取引の態様及びその実情並びに取引上の社会通念に照らして」との文言が追加。
④効果は、「無効とする」のではなく、「合意をしなかったものとみなす」。

（3） 定型約款の内容の表示

定型約款については、合意の前又は合意の後相当の期間内に相手方から請求があった場合には、遅滞なく、相当な方法でその定型約款の内容を示さなければならない（ただし、既に相手方に対して定型約款を記載した書面を交付し、又はこれを記録した電磁的記録を提供していたときを除きます。）とされています（改正548条の3第1項）。

前述したとおり、**みなし合意の効力が認められるための組入要件においては、定型約款の事前開示は含まれていないため、必ずしも、定型約款準備者が事前に定型約款の内容を開示したり、書面として交付する必要があるわけではありません**。これは、定型約款が用いられる取引においては、相手方がわざわざ定型約款の内容を見たいとは考えない場合も多いため、常にこのような事前開示等を要求することが、必ずしも相手方保護になるとは考えられなかったためです。

そこで、**改正民法548条の3第1項は、相手方から請求があった場合のみ、定型約款準備者が定型約款の内容を開示しなければならない旨を定めた**のです。開示請求を受けた定型約款準備者は、定型約款に当たる各条項が記載された書面を現実に開示したり、掲載されているウェブページを案内するなどの相当な方法によって相手方に定型約款を示すことが想定されています。これは契約上の義務となるものであり、その違反は契約上の義務違反となります。

仮に定型約款準備者が合意の前において開示請求を拒んだときは、一時的な通信障害が発生した場合その他正当な事由がある場合を除き、みなし合意の効力が認められなくなります（同条2項）。

新	旧
（定型約款の内容の表示） 第548条の3 定型取引を行い、又は行おうとする定型約款準備者は、定型取引合意の前又は定型取引合意の後相当の期間内に相手方から請求があった場合には、遅滞なく、相当な方法でその定型約款の内容を示さなければならない。ただし、定型約款準備者が既に相手方に対して定型約款を記載した書面を交付し、又はこれを記録した電磁的記録を提供していたときは、この限りでない。 2 定型約款準備者が定型取引合意の前において前項の請求を拒んだときは、前条の規定は、適用しない。ただし、一時的な通信障害が発生した場合その他正当な事由がある場合は、この限りでない。	（新設）

（4） 定型約款の変更

定型約款については、一定の要件を充たす場合には、定型約款を準備した者が、**個別に相手方と合意をすることなく契約の内容を変更すること**も認められており、この点は、定型約款を準備した事業者にとってメリットのある規律となっています。

具体的には、定型約款の変更が、①**相手方の一般の利益に適合するとき**、又は②**定型約款の変更が、契約をした目的に反せず、かつ、変更の必要性、変更後の内容の相当性、この条の規定により定型約款の変更をすることがある旨の定めの有無及びその内容その他の変更に係る事情に照らして合理的なものであるとき**には、このような一方的な変更をすることができます（改正548条の4第1項）。

この場合には、定型約款準備者は、**変更の効力発生時期を定め、かつ、定型約款を変更する旨及び変更後の定型約款の内容並びにその効力発生時期をインターネットの利用その他の適切な方法により周知**しなければならず（同条2項）、上記②の場合には、効力発生時期が到来するまでにこの周知をしなければ変更の効力が生じないとされています（同条3項）。

定型約款において、改正民法548条の4の規定により定型約款の変更をすることがある旨の条項（変更条項）を定めておくことは、上記の定型約款の変更を行うために必須のものではありません。しかし、前述のとおり、**変更条項の有無及びその内容が、変更の合理性を判断するための一考慮要素とされているため、変更の有効性が認められるためには、このような変更条項を具体的に定めておくことが有益**であると考えられます。

新	旧
（定型約款の変更） 第548条の4　定型約款準備者は、次に掲げる場合には、定型約款の変更をすることにより、変更後の定型約款の条項について合意があったものとみなし、個別に相手方と合意をすることなく契約の内容を変更することができる。 一　定型約款の変更が、相手方の一般の利益に適合するとき。 二　定型約款の変更が、契約をした目的に反せず、かつ、変更の必要性、変更後の内容の相当性、この条の規定により定型約款の変更をすることがある旨の定めの有無及びその内容その他の変更に係る事情に照らして合理的なものであるとき。 2　定型約款準備者は、前項の規定による定型約款の変更をするときは、その効力発生時期を定め、かつ、定型約款を変更する旨及び変更後の定型約款の内容並びにその効力発生時期をインターネットの利用その他の適切な方法により周知しなければならない。 3　第1項第2号の規定による定型約款の変更は、前項の効力発生時期が到来するまでに同項の規定による周知をしなければ、その効力を生じない。 4　第548条の2第2項の規定は、第1項の規定による定型約款の変更については、適用しない。	（新設）

（5） 経過措置

定型約款に関する規律は、施行日前に締結された定型取引についても適用されます（改正附則33条1項）。

ただし、定型取引の当事者の一方（契約又は法律の規定により解除権を現に行使することができる者を除きます。）により反対の意思の表示が書面でされた場合（電磁的記録による場合を含みます。）には、定型約款に関する規律は適用されないことになります（同条２項）。この反対の意思表示は、2018年（平成30年）４月１日（改正附則１条２号、施行期日政令）からすることができ、施行日の前（2020年（平成32年）３月31日）までにしなければなりません（同33条３項）。

実務への影響と留意点

定型約款の該当性については、現状では以上のように考えることができますが、定型約款の定義が必ずしも明確ではなく、改正民法における新しい概念であるため、今後の議論の蓄積を待つ必要があるといえます。

前述した消費者向けのカードローンや住宅ローンの規約のように、定型約款に該当すると考えられる場合においては、まず前提として、みなし合意の効力が認められる要件（組入要件）を充たすものであるか確認する必要があります。**申込等関係書類において、定型約款を契約の内容とする旨を合意する意思が確認できる体裁になっているか**どうかなどをチェックする必要があるでしょう。

次に、不当条項・不意打ち条項規制の観点から問題のある条項がないかをチェックする必要があります。前述した消費者向けのカードローンや住宅ローンの規約については、現在においても消費者契約法が適用されることとの関係で、不当条項規制の観点からのチェックは既に行われているため、基本的には問題はないと思われます。不意打ち条項規制の観点からも、特に問題のある条項は入っていないのが通常であろうと思われます。もっとも、改めて改正民法のもとでも、**不当条項規制・不意打ち条項規制の観点から問題がないか**どうかチェックをしておく方がよいでしょう。

また、**定型約款の内容の表示に係る請求に対する対応**についても、態勢整備をしておく必要があります。もっとも、前述した消費者向けの商品であるカードローンや住宅ローンにおいては、規約を交付するのが通常の実務であると思いますので、特に問題にはならないと思われます。

定型約款の変更に当たっては、前述のとおり、変更条項が必須ではないものの有益であると考えられるため、変更条項がない場合には変更条項を設けるべきと考えられます。また、変更条項がある場合であっても、改正548条の4第1項2号の文言に沿って、**「民法548条の4の定型約款の変更の規定に基づいて変更すること」**も明記をしておいた方がよいと考えられますし、その他、**内容の合理性・具体性**について、改めて検証をしておく必要があると考えられます。

4 譲渡制限特約付債権の譲渡（譲渡担保）

実務 Point

- 譲渡制限特約については、相対的効力説が採用されたことにより、譲受人の主観を問わず、債権譲渡自体は有効であることが明確化され、債務者は悪意重過失の譲受人からの履行請求を拒み、譲渡人への弁済その他の債務を消滅させる事由を対抗できることにより、弁済の相手方を固定することができるという限りで保護されることになりました。
- 譲渡制限特約付債権の譲渡は、債権譲渡自体が有効であることに加え、債務者から債務不履行に基づく解除をされることにもならないと解される傾向にあり、積極的な活用が期待されます。ただし、債務者は悪意重過失の譲受人に対して譲渡制限特約の抗弁を対抗することができるため、債務者が信用不安のある譲渡人に弁済をするなど、コミングリングリスクが生じる場面があること等については注意する必要があります。

改正の概要

金融機関にとって、債権譲渡は、売掛債権等について債権譲渡担保の方法により担保として取得したり、債権流動化等の実務に用いられています。

現行民法下においては、譲渡禁止特約が債権譲渡制度の活用を妨げている問題がありましたが、改正民法は、以下のとおり、譲渡制限特約付債権の譲渡に関するルールを変更しました。

1．絶対的効力から相対的効力へ

（1） 絶対的効力

現行民法においては、債権は原則として自由に譲渡することができるとして、譲渡自由の原則を採用しています（現466条1項本文)。他方で、当事者が債権譲渡を禁止する特約を付すことも認めており（同条2項本文)、この譲渡禁止特約の効力については、「善意の第三者に対抗することができない。」とされています（同項ただし書)。債権の譲受人に対する譲渡禁止特約の効力について、判例通説では、譲渡禁止特約に違反する譲渡の効力を第三者に対抗できないだけではなく、**譲渡当事者間でも譲渡は無効である**（ただし、善意・無重過失の譲受人にはこれを対抗できない）**と解する見解**（従来「**物権的効力説**」と呼ばれ、改正法の審議過程においては「**絶対的効力説**」などと呼ばれています。）がとられていると考えられています。

しかし、近時、特に中小企業にとって、売掛債権の担保をはじめとする債権譲渡による資金調達が重要になってきており、不動産担保や保証による資金調達に代わり得るものとして積極的に活用しようとする動きがあるものの、譲渡禁止特約が債権譲渡による資金調達の支障になっているという問題が指摘されています。例えば、中小企業が大企業や官公庁に対して有する売掛債権等については、債務者の信用力が高いため有用な資金調達手段になり得る一方で、譲渡禁止特約が力関係において優位にある債務者によって定型的に用いられていることが多く、個別に債務者に承諾を求めてもこれを得られないことがあるといった問題や、債務者に承諾を求めることによって自らの信用状態に懸念を持たれるおそれがあることから、承諾を求めることなく債権譲渡を断念することがあるといった問題が指摘されています。

（2）　相対的効力

そこで、改正民法は、「当事者が債権の譲渡を禁止し、又は制限する旨の意思表示（以下「譲渡制限の意思表示」といいます。）をしたときであっても、債権の譲渡は、その効力を妨げられない。」として（改正466条2項）、**従来の物権的効力説を否定し、譲受人の主観を問わず、譲渡制限特約付債権の譲渡も有効であることが明確化**されました。このように、譲渡制限特約付債権は、悪意重過失の譲受人に対しても確定的に譲渡されていることを前提として、**譲渡制限特約は債務者の弁済先を固定する趣旨であると考え、債務者は悪意重過失の譲受人からの履行請求を拒み、譲渡人への弁済その他の債務を消滅させる事由を対抗できる**とすることにより（同条3項）、債務者が譲渡人に弁済できること等を明らかにしました（従来「**債権的効力説**」と呼ばれ、改正法の審議過程においては「**相対的効力説**」などと呼ばれています。）。

（3）　条文に用いられる用語の変更

なお、このような改正の趣旨を踏まえ、改正民法においては、譲渡「禁止」特約ではなく譲渡「制限」特約という用語が用いられています。また、条文上、「特約」ではなく「意思表示」という用語が用いられていますが、これは、単独行為によって発生する債権については、債務者の単独の意思表示によって譲渡制限をすることができるため、「特約」という用語が適当ではない場合もあると考えられたことによるものです。

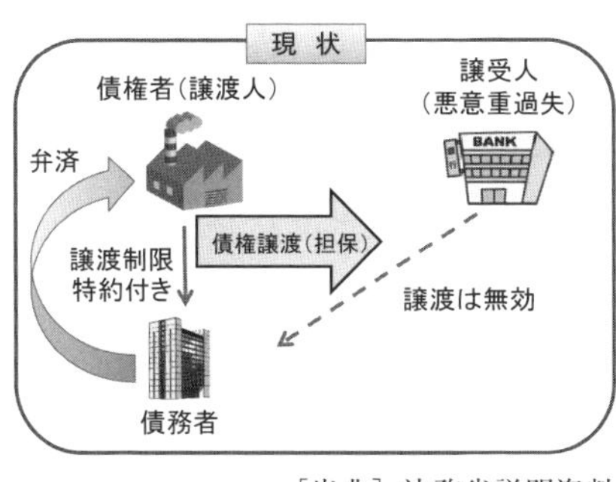

［出典］法務省説明資料

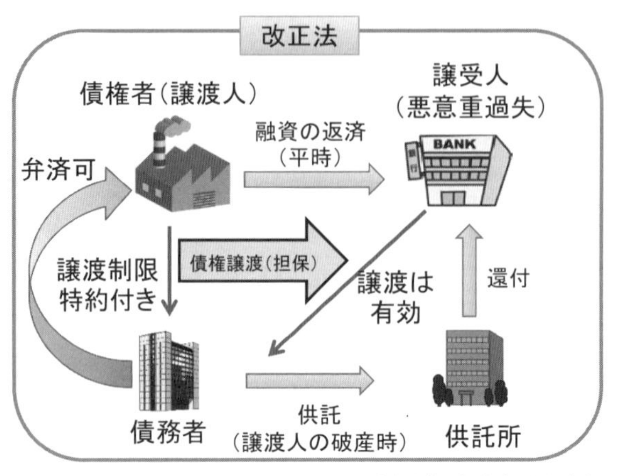

［出典］法務省説明資料

2．相対的効力説の採用

（1） 悪意重過失の譲受人に対する債務者の抗弁の喪失

改正民法においては、譲渡制限特約付債権の譲渡につき相対的効力説が採用されたことにより、譲受人が悪意重過失である場合には、誰も債務者に対して請求することができないデッドロック状態になってしまうため、この点を調整する対応が必要になります。すなわち、譲渡制限特約付債権は、悪意重過失の譲受人に対しても確定的に譲渡されている以上、譲渡人はもはや債権者ではないため自ら債務者に対して請求することはできず、他方、悪意重過失の譲受人は債権者ではあるものの債務者から譲渡制限特約の抗弁を対抗されるため、このようなデッドロック状態が生じてしまうのです。

そこで、改正民法は、債務者が債務を履行しない場合において、**悪意重過失の譲受人その他の第三者が相当の期間を定めて譲渡人への履行を催告し、その期間内に履行がない場合には、債務者はもはや譲渡制限特約の抗弁を主張できない**ことにしました（改正466条4項）。したがって、このような場合には、**悪意重過失の譲受人その他の第三者も、債務者から譲渡制限特約の抗弁の対抗を受けることなく、債務者に対して請求をすることができる**ことになります。

新	旧
（債権の譲渡性） 第466条（略） 2　当事者が債権の譲渡を禁止し、又は制限する旨の意思表示（以下「譲渡制限の意思表示」という。）をしたときであっても、債権の譲渡は、その効力を妨げられない。 3　前項に規定する場合には、譲渡制限の意思表示がされたことを知り、又は重大な過失によって知らなかった譲受人その他の第三者に対しては、債務者は、その債務の履行を拒むことができ、かつ、譲渡人に対する弁済その他の債務を消滅させる事由をもってその第三者に対抗することができる。 4　前項の規定は、債務者が債務を履行しない場合において、同項に規定する第三者が相当の期間を定めて譲渡人への履行の催告をし、その期間内に履行がないときは、その債務者については、適用しない。	（債権の譲渡性） 第466条（同左） 2　前項の規定は、当事者が反対の意思を表示した場合には、適用しない。ただし、その意思表示は、善意の第三者に対抗することができない。 （新設） （新設）

（2）　債務者の権利供託

弁済者が過失なく債権者を確知することができないときは、弁済者は供託をすることができるとされています（現494条後段、改正494条2項）。譲渡制限特約付債権の譲渡につき、現行民法における判例通説と考えられている物権的効力説であれば、譲受人が悪意であれば譲渡人、譲受人が善意であれば譲受人が債権者となるため、譲受人の主観が分からない債務者は、債権者不確知を理由として供託することができます。

しかし、改正民法で採用された相対的効力説では、譲受人の主観にかかわらず債権譲渡は有効であり、譲受人が債権者として確定しているため、債権者不確知を理由とする供託をすることはできません。とは言え、債務者としては、譲受人が善意無重過失であれば譲受人に弁済しなければならないのに対して、譲受人が悪意重過失であれば譲渡人に弁済すればよいことになるという点においては、いずれに弁済をすべきか迷うところです。

そこで、改正民法では、新たに独立の供託原因を設けることとし、**譲渡制限特約付債権が譲渡された場合には、債務者に過失の有無を問うことなく供託する権利が認められました**（改正466条の2）。供託所については債務の履行地の供託所とされ（同条1項）、供託をした債務者は、遅滞なく、譲渡人及び譲受人に供託の通知をしなければならないとされています（同条2項）。また、供託金の還付請求権は、その主観を問わず譲受人のみが有することとされています（同条3項）。

新	旧
（譲渡制限の意思表示がされた債権に係る債務者の供託） 第466条の2　債務者は、譲渡制限の意思表示がされた金銭の給付を目的とする債権が譲渡されたときは、その債権の全額に相当する金銭を債務の履行地（債務の履行地が債権者の現在の住所により定まる場合にあっては、譲渡人の現在の住所を含む。次条において同じ。）の供託所に供託することができる。 2　前項の規定により供託をした債務者は、遅滞なく、譲渡人及び譲受人に供託の通知をしなければならない。 3　第1項の規定により供託をした金銭は、譲受人に限り、還付を請求することができる。	（新設）

（3）　譲渡人破産の場合の譲受人から債務者に対する供託請求

改正民法においては、譲渡制限特約付債権が悪意重過失の譲受人に譲渡された場合、債務者が譲渡人に対して弁済したうえで、譲渡人が受領した金銭を譲受人に引き渡すことによって、譲受人が債権を回収するということになります。しかし、譲渡人に破産手続開始の決定があったときには、その後に債務者が破産管財人に対して弁済すると、その金銭の引渡請求権は財団債権として保護されるとしても、譲受人が全額の回収をすることができないおそれがあります。

そこで、改正民法は、かかる譲受人を保護すべく、**譲渡制限特約付債権の譲渡人に破産手続開始の決定があったときは、第三者対抗要件を具備した譲受人は、その主観を問わず、債務者に供託をさせることができることとしました**（改正466条の3）。この場合における供託所、供託の通知及び還付請求権に関しては、上記**2（2）**で述べた債務者の権利供託の場合と同じです。

新	旧
第466条の3　前条第1項に規定する場合において、譲渡人について破産手続開始の決定があったときは、譲受人（同項の債権の全額を譲り受けた者であって、その債権の譲渡を債務者その他の第三者に対抗することができるものに限る。）は、譲渡制限の意思表示がされたことを知り、又は重大な過失によって知らなかったときであっても、債務者にその債権の全額に相当する金銭を債務の履行地の供託所に供託させることができる。この場合においては、同条第2項及び第3項の規定を準用する。	（新設）

（4）　譲渡制限特約付債権の差押え

現行民法では、物権的効力説のもと、譲渡禁止特約付債権の譲渡は無効と考えられてきたものの、差押えとの関係については、判例は、私人間の合意により差押禁止財産を作出することを認めるべきではないことから、差押債権者の主観を問わず、譲渡禁止特約付債権についても転付命令によって移転することができるものとしていました（最二小判昭和45年4月10日民集24巻4号240頁）。

そこで、改正民法は、相対的効力説のもとにおいてもかかる判例の考え方が維持されることを明確化するため、**譲渡制限特約付債権に対する強制執行をした差押債権者に対しては、譲渡制限特約の抗弁を主張することができない**旨が定められました（改正466条の4第1項）。ただし、**悪意重過失の譲受人の債権者が差押債権者として強制執行をしたときは、**当該差押債権者に執行債務者である悪意重過失の譲受人が有する権利以上の権利を認めるべきではないと考えられることから、**債務者は当該差押債権者に対して譲渡制限特約の抗弁を対抗することができる**とされました（同条2項）。

新	旧
(譲渡制限の意思表示がされた債権の差押え) 第466条の4　第466条第3項の規定は、譲渡制限の意思表示がされた債権に対する強制執行をした差押債権者に対しては、適用しない。 2　前項の規定にかかわらず、譲受人その他の第三者が譲渡制限の意思表示がされたことを知り、又は重大な過失によって知らなかった場合において、その債権者が同項の債権に対する強制執行をしたときは、債務者は、その債務の履行を拒むことができ、かつ、譲渡人に対する弁済その他の債務を消滅させる事由をもって差押債権者に対抗することができる。	(新設)

(5)　譲渡制限特約のある預貯金債権の特則

預貯金債権については通常、譲渡制限特約が付されており、現行民法においては、物権的効力説のもと、かかる預貯金債権の譲渡は無効であると解されていました。もっとも、改正民法において相対的効力説が採用されたことから、預貯金債権の譲渡も有効になるのではないかという問題が生じます。

すなわち、預貯金債権については、通常の金銭債権とは異なり、債権額が増減するという特殊性があることから、預貯金債権が譲渡されると、譲受人による払戻しまでの間の当該預貯金口座の入金・払出しによる増減により譲渡の対象となった債権の特定が困難になるといった問題が指摘されており、預貯金債権に関する特則を設けるべきであるとの意見がありました。

そこで、改正民法においては、**譲渡制限特約付の預貯金債権に関しては、債権的効力説を定めた改正466条2項の適用がなく、引き続き物権的効力説が適用される**ことを定めました(改正466条の5第1項)。なお、譲渡制限特約付の預貯金債権に対する差押えについては、上記**2(4)**で述べた改正466条の4第1項が適用されることとされています(同条2項)。

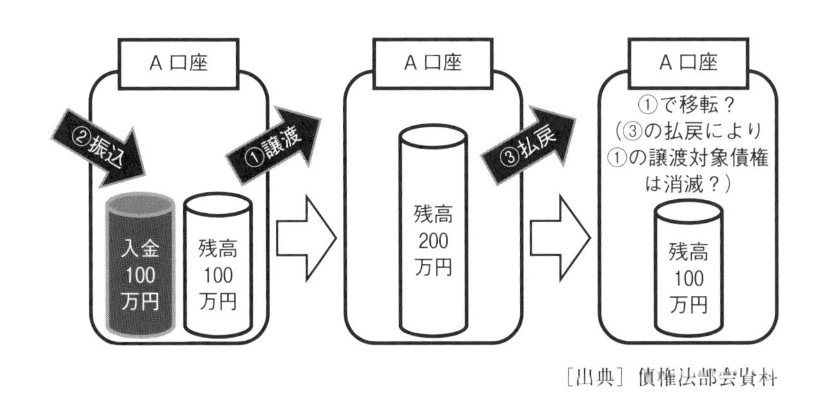

［出典］債権法部会資料

新	旧
（預金債権又は貯金債権に係る譲渡制限の意思表示の効力） 第466条の5　預金口座又は貯金口座に係る預金又は貯金に係る債権（以下「預貯金債権」という。）について当事者がした譲渡制限の意思表示は、第466条第2項の規定にかかわらず、その譲渡制限の意思表示がされたことを知り、又は重大な過失によって知らなかった譲受人その他の第三者に対抗することができる。 2　前項の規定は、譲渡制限の意思表示がされた預貯金債権に対する強制執行をした差押債権者に対しては、適用しない。	（新設）

（6） 経過措置

以上で述べた債権譲渡に関する改正点を含め、466条～469条までの規定については、施行日前に債権の譲渡の原因である法律行為がされた場合におけるその債権譲渡には適用されず、現行民法が適用されます（改正附則22条）。すなわち、**譲渡制限特約のある基本契約の締結やこれに基づく個別契約の締結、さらには、個別契約に基づく譲渡制限特約付債権の発生が改正民法の施行日前であっても、債権譲渡契約が改正民法の施行日後であれば、改正民法が適用される**ことになります。

実務への影響と留意点

改正民法においては、譲渡制限特約につき、物権的効力説を否定し、相対的効力説が採用されることが明確にされたため、債権譲渡の実務において、譲渡制限特約付債権を対象として取扱うことができるようになったと考えられます。譲渡制限特約付債権の譲渡に当たっては、以下のような問題点が指摘されています。

1．譲渡人・債務者間の債務不履行リスク

改正民法においては相対的効力説が採用され、譲渡制限特約付債権の譲渡も有効になります（改正466条2項）。譲渡制限特約は、あくまで債務者が弁済先を固定するために認められるものであり、債務者は悪意重過失の譲受人からの履行請求を拒み、譲渡人への弁済その他の債務を消滅させる事由を対抗できるという限度においてのみ（同条3項）、保護されることになったといえます。

しかし、譲渡人と債務者の間において、債権譲渡を禁止又は制限する旨の契約を締結しているにもかかわらず、これに違反して譲渡制限特約付債権を譲渡することになりますので、かかる**債権譲渡自体が譲渡人による債務不履行となり、債務者から契約を解除されるリスクがあるのではないかとの問題**が生じ得ます。この点については、改正民法において定められた新たな制度下においては、譲渡制限特約とは、弁済の相手方を固定するという意味で譲渡性を制限するものであり、悪意重過失の譲受人は当該抗弁の対抗を受けることにはなるものの、債権譲渡自体は譲渡制限特約に違反するものではないとして、債務不履行にはならないとする見解が示されています。他方で、譲渡自体を許容しない「譲渡禁止」の合意をしている債権を譲渡した場合には、現行民法と異なり譲渡自体は有効となるものの、弁済の相手方が固定されるだけではなく、当該債権譲渡が譲渡人の債務者に対する債務不履行を構成することは免れないとの指摘もあり、かかるリスクに対してはやはり留意しなければならないといわれていました。

ただし、近時、法務省民事局が公表した説明資料によれば、①**譲渡制限特約が弁済の相手方を固定する目的でされたときは、債権譲渡は必ずしも特約の趣旨に反しないため、そもそも債務不履行にはならない**との解釈に加えて、②債務不履行に当たる場合であっても、改正民法のもと

では、債務者は基本的に譲渡人に対する弁済等をすれば免責されるなど、弁済の相手方を固定することへの債務者の期待は形を変えて保護されているため、**債権譲渡がされても債務者にとって特段の不利益はなく、解除を行うことは極めて合理性に乏しいため、権利濫用等に当たり得る**との解釈が示されています。このように、法務省民事局としても、譲渡制限特約付債権の譲渡について、譲渡人・債務者間の特約違反を理由とする契約解除という実務上の懸念の払拭に努めていることからも、改正民法のもとでは、譲渡制限特約付債権の譲渡が積極的に活用されるようになっていくことが期待されます。

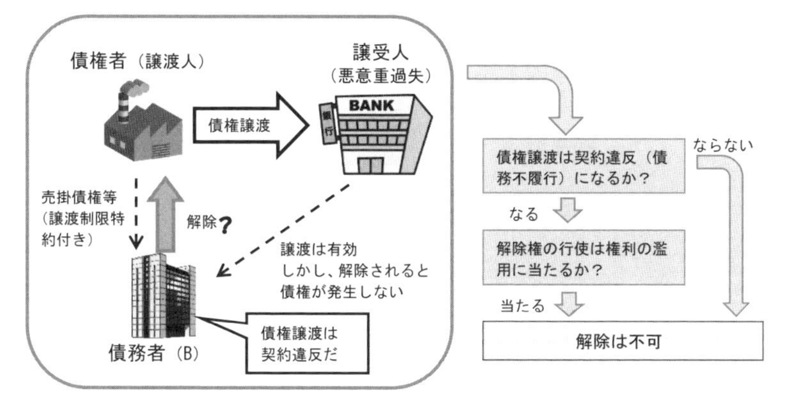

［出典］法務省説明資料（一部加工）

2．コミングリングリスク

債権流動化取引においては、債権回収の効率性及び譲渡人・債務者間のリレーションの維持等の観点から、債権譲渡後も譲渡債権の回収事務を譲渡人に委託することにより、引き続き債権譲渡前と同様に譲渡人が回収事務を行うこととするという仕組みがとられることが一般的です。他方、改正民法においては、悪意重過失の譲受人は、債務者から譲渡制限特約の抗弁を対抗されることから（改正466条3項）、譲受人自らが回収事務を行うのではなく、譲渡人に対して回収事務を委託し、譲渡人に回収事務を行わせることが想定されています。したがって、改正民法下で想定される譲渡制限特約付債権の回収事務は、現状の債権流動化取引の仕組みとも整合するものといえます。

もっとも、債権流動化取引においては、譲渡人に信用不安等が生じた場合には、バックアップサービサー等へ回収事務の委託先が切り替えられる仕組みがとられることが一般的です。譲渡人が倒産手続開始決定後に受領した回収金については、譲受人の譲渡人に対する引渡請求権は財団債権又は共益債権となるため倒産手続によらずに弁済を受けることができますが、倒産手続開始決定前に受領した回収金については、譲受人の譲渡人に対する引渡請求権は一般倒産債権となり、**回収金と譲渡人の他の資産との混同が生じるというコミングリングリスク**が生じるため、回収事務の委託先をバックアップサービサー等に切り替えることにより、かかるリスクを排除しようとするものです。この点、改正民法下においても、**譲渡人に信用不安等が生じた場合であっても、悪意重過失の譲受人は、債務者から譲渡制限特約の抗弁を対抗されることから**（改正466条3項）、**バックアップサービサー等へ回収事務の委託先を切り替えることができず、従前どおり譲渡人による回収事務を継続せざるを得なくなってしまうという問題**が指摘されています。

この点、改正民法においては、譲渡制限特約付債権が譲渡された場合には、債務者に過失の有無を問うことなく供託する権利が認められ（改正466条の2第1項）、還付金請求権は譲受人のみが有するとされたため（同条3項）、譲渡人に信用不安等が生じた場合には、**債務者に対して供託を促すことによりかかるコミングリングリスクの排除を試みる**ということも考えられます。なお、譲渡人に破産手続開始決定がされたときは、その後に譲渡人が債務者から回収金を受領したとしても上記のとおり財団債権として回収することができますが、財団債権の弁済まで相当程度時間を要する場合もあり得ることから、債務者に対して供託請求をすることも考えられます（改正466条の3）。

5 将来債権の譲渡（譲渡担保）

実務 Point

将来債権譲渡については、基本的には現行民法下での判例法理を明文化したものであり、現行民法から大きく変わる点はないと思われます。ただし、将来債権譲渡後に譲渡制限特約が付された場合であっても、当該特約が付された時点で債務者対抗要件が具備されていなければ、譲受人の悪意が擬制され、債務者から譲渡制限特約の抗弁を対抗されるようになってしまうため、譲受人である担保権者にとっては注意が必要です。

改正の概要

将来債権譲渡も、貸出業務の実務上、企業の資金調達手段として広く利用され、また、担保方法としても広く用いられているところですが、改正民法では、以下のような改正が行われています。

1．将来債権譲渡の有効性と効力発生時期

（1） 現行民法と判例

現行民法には、将来債権の譲渡について定めた明文の規定はありませんが、判例はこれを認めてきました（最三小判平成11年1月29日民集53巻1号151頁等）。また、将来債権譲渡の効力発生時期について、判例は、債権譲渡の効果の発生を留保する特段の付款のない限り、譲渡債権は債権譲渡契約によって譲渡人から譲受人に確定的に譲渡されているのであ

り、譲渡債権が将来発生したときには、譲受人は譲渡人の特段の行為を要することなく当然に当該譲渡債権を取得することができると解しています（最一小判平成13年11月22日民集55巻6号1056号、最一小判平成19年2月15日民集61巻1号243頁）。

（2） 改正民法466条の6

改正民法においても、「債権の譲渡は、その意思表示の時に債権が現に発生していることを要しない。」として、未発生債権、すなわち**将来債権の譲渡が可能である旨を明確にしました**（改正466条の6第1項）。また、**将来債権が譲渡された場合には、「譲受人は、発生した債権を当然に取得する。」ことも、条文上明確にされました**（同条2項）。

以上の点は、現行法の**判例法理を明文化したもの**であり、改正法により新たな規律が定められたわけではありません。

新	旧
（将来債権の譲渡性） 第466条の6　債権の譲渡は、その意思表示の時に債権が現に発生していることを要しない。 2　債権が譲渡された場合において、その意思表示の時に債権が現に発生していないときは、譲受人は、発生した債権を当然に取得する。 3　前項に規定する場合において、譲渡人が次条の規定による通知をし、又は債務者が同条の規定による承諾をした時（以下「対抗要件具備時」という。）までに譲渡制限の意思表示がされたときは、譲受人その他の第三者がそのことを知っていたものとみなして、第466条第3項（譲渡制限の意思表示がされた債権が預貯金債権の場合にあっては、前条第1項）の規定を適用する。	（新設）

2．将来債権譲渡の対抗要件

現行民法のもとでは、将来債権譲渡の対抗要件については、通常の既発生債権の譲渡の場合と同様（現467条）、譲渡の時点で、債務者対抗要件は譲渡人から債務者への通知又は債務者の承諾により具備することができ、第三者対抗要件はこれらを確定日付ある証書により行うことにより具備することができると解されています（前掲最一小判平成13年11

月 22 日、前掲最一小判平成 19 年 2 月 15 日等)。

改正民法においても、債権譲渡の対抗要件について定める 467 条において、「債権の譲渡（現に発生していない債権の譲渡を含む。)」としてカッコ書きを追加することにより、**通常の既発生債権の譲渡の場合と同様の規律**が及ぶことが明確化されました。なお、債権譲渡の対抗要件について定める改正民法 467 条は、上記の点を除き、現行法からの変更はありません。

以上の点についても、現行法の**判例法理を明文化**したものであり、改正法により新たな規律が定められたわけではありません。

3．将来債権の譲渡後に譲渡制限特約が付された場合の規律

現行民法においては、将来債権譲渡後において譲渡制限特約が付された場合の規律について、譲渡禁止特約についての善意の判断基準時は債権譲渡を受けた時点であるところ、譲渡禁止特約を付する合意がされたのは債権譲渡契約締結後であるから、債権譲渡当時の譲受人の善意について論ずることは不可能であって無意味であると判示している裁判例はあるものの（東京地判平成 24 年 10 月 4 日判タ 1387 号 216 頁、東京地判平成 27 年 4 月 28 日判時 2275 号 97 頁)、判例法理が確立している状況にはありません。

改正民法においては、この点について新たな規律を設けることとし、**将来債権譲渡後であっても、債務者対抗要件具備時までの間は譲渡制限特約を付すことができる**ことを前提として、当初より譲渡制限特約がある場合と同様に考えて**改正民法 466 条 3 項の規定（悪意重過失の譲受人に対しては債務者が譲渡制限特約の抗弁を対抗できる旨の規定）が適用**されることとし、そのうえで、債務者が譲受人に譲渡制限特約を対抗できるようにするため、**譲受人の悪意を擬制**することとされました（改正 466 条の 6 第 3 項)。

なお、将来債権譲渡後に譲渡制限特約が付された場合のうち、その譲渡債権が預貯金債権の場合については、改正民法 466 条 3 項ではなく改

正民法466条の5第1項（預貯金債権に係る譲渡制限特約の効力に関する規定）が適用されることとされています。したがって、この場合には、将来債権譲渡後に譲渡人が債務者と譲渡制限特約を合意することにより、物権的効力説により当該債権譲渡が無効とされることが許容されることになります。

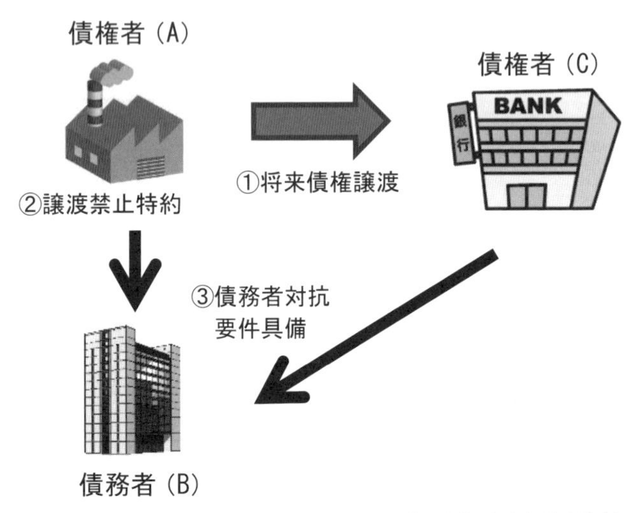

［出典］法務省説明資料

実務への影響と留意点

改正民法における将来債権譲渡に係る改正点は、**基本的には現行民法のもとでの判例法理を明文化したもの**です。したがって、**現行民法から大きく変わる点はなく、実務に与える影響もさほどないもの**と考えられます。

もっとも、現行民法においても、将来債権譲渡をめぐっては様々な問題があります。例えば、そもそも将来債権とは何なのかということにも争いがあり、①発生原因は存在するものの未発生の債権と、②発生原因すら存在しない債権がこれに含まれることに争いはないように思われる一方で、③条件付債権と④期限付債権が将来債権に含まれるかは見解が分かれているなどといわれています。改正民法は、この問題を含めて、上記で述べたほかの多くの論点について解釈に委ねることとしたため、引き続き解釈に委ねられる点が多いと考えられます。

ただし、将来債権の譲渡後に譲渡制限特約が付された場合の規律については新たに設けられたものであり、**譲受人である担保権者にとっては、将来債権譲渡後に譲渡制限特約が付された場合であっても、当該特約が付された時点で債務者対抗要件が具備されていなければ、悪意が擬制され、債務者から譲渡制限特約の抗弁を対抗されるようになってしまうた**め、この点には留意すべきといえるでしょう。

6 債権譲渡の対抗要件と抗弁の切断

実務 Point

✐対抗要件制度は現行民法のまま維持されましたが、異議をとどめない承諾の制度は廃止され、抗弁の切断は、抗弁を放棄するという意思表示の一般的な規律に委ねられることになりました。したがって、譲受人としては、債務者から、対抗要件具備としての承諾とともに、抗弁放棄の意思表示をしてもらうことにより債務者の抗弁を切断する必要があるものの、包括的な抗弁放棄の意思表示の効力については、引き続き解釈に委ねることになったため、その有効性についての検討が必要になります。

✐債務者の相殺の抗弁については、現行民法よりも広く認められるようになり、債務者が対抗要件具備時より後に取得した譲渡人に対する債権を自働債権とする相殺についても、一定の場合には認められるようになりました。譲受人としては、このような債務者の相殺の抗弁の拡張も踏まえて、債務者から抗弁放棄の意思表示をしてもらったり、譲渡人に対する責任追及ができるように対応しておく必要があります。

改正の概要

債権譲渡法制をめぐっては、対抗要件制度と債務者の抗弁の切断に関するルールを理解しておくことが重要ですが、改正民法では、この点に関しても以下のような改正が行われています。

1．対抗要件制度の現状維持

（1）　現行民法下の対抗要件

現行民法において、債権譲渡の**債務者対抗要件は、債務者に対する通知又は債務者の承諾**とされ（現467条1項）、**第三者対抗要件はこれらの通知又は承諾が確定日付のある証書によってされなければならない**とされています（同条2項）。また、動産及び債権の譲渡の対抗要件に関する民法の特例等に関する法律（以下「債権譲渡特例法」といいます。）により、**法人が金銭債権を譲渡する場合**には、**債権譲渡登記ファイルへの譲渡登記をもって第三者対抗要件**とし（債権譲渡特例法4条1項）、当該債権譲渡及び債権譲渡登記について、**譲渡人又は譲受人から債務者に対する登記事項証明書の交付により通知し、又は債務者が承諾することをもって債務者対抗要件**とすることが認められています（同条2項）。また、平成16年の債権譲渡特例法の改正により、債権譲渡登記ファイルへの記載事項として、債務者の特定は不要になったことから（同法8条2項4号）、債務者不特定の場合の将来債権の譲渡であっても、譲渡対象を特定することができれば有効であるという理解を前提として、債権譲渡登記の制度が整備されているといえます。

（2）　新たな対抗要件の検討

現行民法における上記の対抗要件制度は、債務者をインフォメーション・センターとすることを前提にした理解がとられていますが、民法改正の審議過程においては、債権譲渡の安定性の確保という観点から不備のある制度であるとの意見や、債権譲渡の当事者ではない債務者を紛争に巻き込み、負担を強いる制度となっている点で不合理であるとする意見など、債務者をインフォメーション・センターとはしない制度として対抗要件制度を改める必要性があるのではないかということが議論されました。新たな対抗要件制度に関する様々な提案が行われたほか、債務者対抗要件を「権利行使要件」とし、「対抗要件」とは第三者対抗要件を意味するという用語の使い方についても提案がされていましたが、結局、いずれも採用されることにはなりませんでした。

(3) 現行対抗要件制度の維持

結果として、**改正民法においても、現行の対抗要件制度が維持**されており、債権譲渡の対抗要件について定めた現行民法467条は、将来債権譲渡の対抗要件についても、通常の既発生債権の譲渡における対抗要件と同じである旨の判例法理が明確化されたほかは、特に変更されていません。

2. 異議をとどめない承諾による抗弁の切断の廃止

(1) 異議をとどめない承諾

現行民法において、債務者対抗要件が債務者に対する通知をもって具備されたにとどまる場合には、**債務者は、その通知を受けるまでに譲渡人に対して生じた事由をもって譲受人に対抗することができる**とされています(現468条2項)。すなわち、このような場合には、債務者が、債権譲渡通知を受けるまでに、譲渡人に対して弁済したことによる債権の消滅や、譲渡人との間で行った契約の解除、譲渡人に対して有する反対債権による相殺等について、譲受人に対抗できることになります。これに対して、**債務者が異議をとどめないで債務者対抗要件としての承諾をしたときは、譲渡人に対抗することができた事由があっても、譲受人に対抗することはできないとして、債務者の抗弁の切断が認められています**(同条1項)。

(2) 異議をとどめない承諾制度の問題点

しかし、現行民法における異議をとどめない承諾の制度に対しては、単に債権が譲渡されたことを認識した旨を債務者が通知しただけで抗弁の喪失という債務者によって予期しない効果が生じることについては、債務者の保護の観点から妥当でないとして、強く批判されていました。なお、近時の判例においても、債務者が異議をとどめないで債権譲渡の承諾をした場合において、譲渡人に対抗することができた事由の存在を譲受人が知らなかったとしても、このことについて譲受人に過失があるときには、債務者は当該事由をもって譲受人に対抗することができる旨が判示されており（最二小判平成27年6月1日民集69巻4号672頁）、抗弁の切断が認められる場面は限定的に解釈されている傾向にあるともいえます。

（3）　異議をとどめない承諾制度の廃止

改正民法においては、**現行民法468条1項を削除することにより、異議をとどめない承諾の制度に対する批判を踏まえてこれを廃止**することとし、**抗弁の切断は、抗弁を放棄するという意思表示の一般的な規律に委ねられる**ことになりました。債務者が抗弁を対抗できる基準時については現行民法から変更はないため、**抗弁の放棄がない限りは、債務者は、対抗要件具備時までに譲渡人に対して生じた事由をもって譲受人に対抗することができる**ことになります（改正468条1項）。

なお、譲渡制限特約付債権の譲渡の場合には、債務者が抗弁を対抗できる基準時について、対抗要件具備時ではなく、一定の修正がされる場合があります。すなわち、譲渡制限特約につき悪意重過失の譲受人に対しては、債務者は譲渡制限特約の抗弁を対抗することができ、債務を履行しない債務者に対して譲渡人への履行の催告をして相当期間が経過した場合に譲渡制限特約の抗弁を失うことになるため（改正466条4項）、この場合には当該相当期間経過後を債務者が抗弁を対抗できる基準時としています（改正468条2項）。同様に、譲渡制限特約付債権の譲渡人に破産手続開始決定があったときは、譲受人は債務者に対して供託を請求することができますが（改正466条の3）、この場合にも当該供託請求を受けた時を債務者が抗弁を対抗できる基準時としています（改正468条2項）。

3．債務者による相殺の抗弁

（1） 無制限説の採用

現行民法において、上記2のとおり、債務者は、異議をとどめない承諾をしない限り、対抗要件具備時より前に譲渡人に対して生じた事由を譲受人に対抗することができるため（現468条2項）、対抗要件具備時までに譲渡人に対して取得した債権による相殺を対抗できることになります。この点について、判例は、**対抗要件具備時までに債務者が譲渡人に対する自働債権を取得していれば、自働債権と受働債権の弁済期の先後を問わず、相殺適状になった場合には相殺を対抗できる**としており（最一小判昭和50年12月8日民集29巻11号1864頁）、いわゆる**無制限説**がとられていると考えられています。

改正民法においても、**債務者は、対抗要件具備時より前に取得した譲渡人に対する債権による相殺をもって、譲受人に対抗することができる旨を明文に定める**ことにより（改正469条1項）、無制限説の立場をとることを明確にしました。

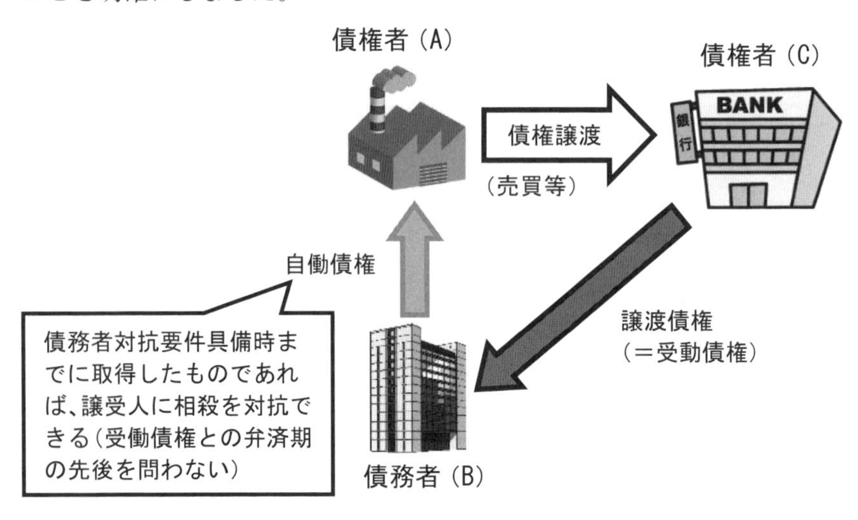

［出典］法務省説明資料（一部加工）

(2) 相殺の抗弁の拡張

改正民法は、無制限説を採用したことに加えて、一定の場合には、債務者が対抗要件具備時より後に取得した譲渡人に対する債権による相殺の抗弁も認めることにより、**相殺の抗弁の範囲を拡張**しています。

具体的には、**債務者が対抗要件具備時より後に取得した譲渡人に対する債権**であっても、それが、①**対抗要件具備時より前の原因に基づいて生じた債権**であるとき、又は②**上記①のほか譲受人の取得した債権の発生原因である契約に基づいて生じた債権**であるときは、相殺の抗弁を譲受人に対抗できるとしています(ただし、**債務者が対抗要件具備時より後に他人の債権を取得したときを除きます**。改正469条2項)。

上記①については、債権の発生原因が既に存在していればその債権を反対債権とする相殺の合理的期待があるといえることを根拠として、差押えと相殺が問題となる場面における債務者の相殺権(改正511条2項本文)と同様の相殺権を認めるものです(次節参照)。「前の原因」の意義については、同様の文言を定める破産法71条2項2号等の解釈も踏まえて検討する必要があります(注)。

また、上記②については、自働債権及び受働債権が対抗要件具備時より後に締結された同一の契約に基づいて生じた場合であることを前提としているため、その射程は将来債権が譲渡された場合に限定されます。将来債権が譲渡された場合については、債権譲渡後も譲渡人と債務者との間で取引が継続されることが想定されるため、このような相殺の抗弁の範囲の拡張により、債務者に譲渡人との間の取引関係を維持することへのインセンティブを与え、ひいては譲渡人の将来の事業活動の安定にも繋げる狙いがあります。したがって、上記②は上記①と異なり、差押えと相殺が問題となる場面では認められていない独自の相殺権になっています(改正511条2項参照)。

債権譲渡と相殺の抗弁に係る規律（改正469条）

自働債権の取得時期	債務者が対抗要件具備時より「前に」取得した譲渡人に対する債権	債務者が対抗要件具備時より「後に」取得した譲渡人に対する債権
譲受人に対する相殺の抗弁の対抗の可否	相殺の抗弁を対抗できる（無制限説） ⇒従来の判例法理の明確化	以下の場合のみ、相殺の抗弁を対抗できる（ただし、債務者が対抗要件具備時より後に「他人の債権を取得」したときを除く） ①対抗要件具備時より前の原因に基づいて生じた債権であるとき ②上記①のほか譲受人の取得した債権の発生原因である契約に基づいて生じた債権であるとき ⇒相殺の抗弁の範囲を拡張

新	旧
（差押えを受けた債権を受働債権とする相殺の禁止） 第511条　差押えを受けた債権の第三債務者は、差押え後に取得した債権による相殺をもって差押債権者に対抗することはできないが、差押え前に取得した債権による相殺をもって対抗することができる。 2　前項の規定にかかわらず、差押え後に取得した債権が差押え前の原因に基づいて生じたものであるときは、その第三債務者は、その債権による相殺をもって差押債権者に対抗することができる。ただし、第三債務者が差押え後に他人の債権を取得したときは、この限りでない。	（支払の差止めを受けた債権を受働債権とする相殺の禁止） 第511条　支払の差止めを受けた第三債務者は、その後に取得した債権による相殺をもって差押債権者に対抗することができない。 （新設）

（注）「前の原因」の異議の検討について

破産法71条2項1号が定める「前に生じた原因」の意義については、具体的な相殺期待を生じさせる程度に直接的なものでなければならないと解されており、判例により契約であっても「前に生じた原因」には当たらないと解されているものもあります。また、「原因」一般を抽象的に定義することよりも、個々の事例における相殺の期待の程度を緻密に分析することが有益であるとの指摘もあり、様々な判例もあるため、これらも踏まえて検討すべきと考えられます。

実務への影響と留意点

1．抗弁の切断

実務上、債権譲渡を受けるに当たっては、債務者が対抗要件具備時までに譲渡人に対して有する様々な抗弁を切断しておく必要性がある場合は多いといえます。現行民法のもとでは、このような場合には、債務者から異議をとどめない承諾を取得し、その承諾書に確定日付を得ておくことにより、対抗要件を具備するとともにすべての抗弁の切断を図るという方法がとられることが多いと思われます。

これに対して、改正民法においては、異議をとどめない承諾の制度が廃止されたため、上記のような**承諾を取得するだけでは、対抗要件を具備することはできても、当然に債務者の抗弁が切断されることにはなりません**。改正民法の審議過程においても、異議をとどめない承諾による抗弁の切断によって取引の安全が保護されていた実務に支障が生じることを強く懸念する意見などがあったものの、結果的にこの制度は廃止されたため、実務に与える影響は否定できません。もっとも、抗弁の切断は、抗弁を放棄するという意思表示の一般的な規律に委ねられることになったとされているように、**債務者から対抗要件具備としての承諾とともに、抗弁放棄の意思表示をしてもらうことにより、債務者の抗弁を切断する**ことも可能であると考えられます。

ただし、包括的な抗弁放棄の意思表示については、常に有効であるといえるわけではありません。改正民法の審議過程においても、包括的な抗弁放棄の意思表示の効力が認められることを条文上明記すべきであるとの意見に対して、免除などの他の制度に関する規定との整合性が問題となるうえに、包括的な抗弁の放棄の意思表示を認めず放棄の対象となる抗弁を個別に特定しなければ、抗弁の放棄の効力が生じないとすべきであるとの意見もあったことから、「**包括的な抗弁放棄の意思表示の効力については、引き続き解釈に委ねる**」ことになりました。したがって、**債務者から包括的な抗弁放棄の意思表示をしてもらうに当たっては、前**

述した異議をとどめない承諾の制度を廃止した趣旨を踏まえて、債務者に予期しない不利益を与えることにならないか、すなわち債務者にとっていかなる抗弁を放棄することになるのか認識可能であるのかといった点に配慮し、その有効性について検討する必要があると思われます。

特に、将来債権譲渡の場面では、事前に将来発生する抗弁を放棄させることになるため、対象期間が長期に及ぶ場合などは、債務者にとって予期できない不利益を与えることにならないか、注意を要するものと考えられます。また、債務者対抗要件具備後に生じた抗弁については、改正468条1項（現468条2項）の反対解釈により譲受人に対抗することはできないと解されますが、将来債権譲渡の場合には、債務者対抗要件具備後、債権譲渡の効力が発生するまでに生じた抗弁は譲受人に対抗できるとする裁判例があることから（東京地判平成9年12月12日判時1664号42頁）、債務者対抗要件具備後、債権譲渡の効力が発生するまでに生じた抗弁も放棄の意思表示の対象にしておくべきであるとの見解もあります。

また、債務者から包括的な抗弁放棄の意思表示をしてもらうことが困難である場合には、債務者から抗弁を対抗されるリスクが生じるため、**譲渡人から表明保証をしてもらうこと等により、事後に債務者から抗弁を対抗された場合などに譲渡人に対して責任追及をすることができるよ**うにする対応をとっておくべきであると考えられます。

2．相殺の抗弁

相殺の抗弁については、改正民法のもとでは、現行民法と比べて、一定の場合には債務者が対抗要件具備時より後に取得した譲渡人に対する債権を自働債権とする相殺まで認められており、その範囲が拡張されているため、譲受人にとってはこの点にも留意すべきであるといえます。

この点については、上記**1**で述べたとおり、**債務者から包括的な抗弁放棄の意思表示をしてもらうことにより、この相殺の抗弁も遮断することができる**と考えられます。また、債務者からかかる抗弁放棄の意思表示をしてもらうことができない場合には、相殺の抗弁を対抗されるリスクが生じるため、**譲渡人から表明保証をしてもらうこと等により、事後に相殺の抗弁を対抗された場合などに譲渡人に対して責任追及をすることができるようにしておくこと**が考えられます。

ただし、対抗要件具備時より「前の原因」に基づいて生じた債権を自働債権とする相殺（改正469条2項1号）については、債権譲渡の時点では未だ当該自働債権が発生しておらず、その発生原因が存在するのみであるため、債権譲渡時点において自働債権が存在しない旨の表明保証だけでは足りない点には注意する必要があると考えられます。また、譲受人の取得した債権の発生原因である契約に基づいて生じた債権を自働債権とする相殺（改正469条2項2号）については、前述のとおり、将来債権譲渡において、自働債権及び受働債権が対抗要件具備時より後に締結された同一の契約に基づいて生じた場合を想定しているため、債権譲渡の時点ではその原因契約さえ未だ存在していないことから、債権譲渡時点の権利関係に係る表明保証により譲渡人に対して責任追及をすることができるようにしておくことは難しいのではないかと考えられます。このような場合については、将来における譲渡人の行為について制約をしておかなければ譲渡人に対する責任追及をすることが困難になる場合もあると考えられます。

7 預貯金債権の差押えと貸付債権による相殺

実務 Point

✐改正民法においては、差押え前に取得した債権を自働債権とする相殺については、差押え時に相殺適状にある必要はなく、自働債権と受働債権の弁済期の先後を問わず、相殺を対抗できるとする立場（無制限説）が採用されましたが、従来の判例法理を明文化したものであり、実務に与える影響はないと考えられます。

✐改正民法においては、第三債務者が差押え後に取得した債権を自働債権とする相殺であっても、その債権が「差押え前の原因に基づいて生じたものであるとき」は、かかる債権による相殺をすることができることになり、第三債務者が差押債権者に相殺を対抗できる場面は拡張されることになります。

改正の概要

金融機関にとって、貸出先が自行に対して有する預貯金債権は、貸出債権の回収実務において引当財産となるものであり、当該預貯金債権が差し押さえられた場合には、相殺による回収を対抗できるか検討することになります。

改正民法では、差押えと相殺に関するルールについても、以下のような改正が行われています。

1．無制限説の採用

（1）　現行民法と判例

現行民法において、差押えによる支払の差止めを受けた第三債務者は、差押え後に取得した債権を自働債権とする相殺を差押債権者に対抗することはできないとされています（現511条）。ただし、判例は、「第三債務者は、その債権が差押後に取得されたものでないかぎり、自働債権及び受働債権の弁済期の前後を問わず、相殺適状に達しさえすれば、差押後においても、これを自働債権として相殺をなしうるものと解すべき」として（最大判昭和45年6月24日民集24巻6号587頁）、**差押え前に取得した債権を自働債権とする相殺については、差押え時に相殺適状にある必要はなく、自働債権と受働債権の弁済期の先後を問わず、相殺を対抗できるとする見解（無制限説）**を採用しており、実務上はこの無制限説を前提とした運用が定着しています。

無制限説に対しては、自働債権の弁済期が受働債権の弁済期より後に到来する場合に、受働債権の履行を遅滞して受働債権の弁済期が到来するのを待ったうえで相殺することも許容されることになりますが、このような不誠実な第三債務者の相殺の期待は保護に値しないなどとする批判もありました。

（2）　改正民法511条1項

改正民法においては、実務で定着したルールである無制限説を安定的なものとするために、「差押え前に取得した債権による相殺をもって対抗することができる」として、**無制限説を採用することを条文上明確にしました**（改正511条1項後段）。

無制限説に対する上記の批判に対しては、例外的に無制限説によって処理するのが適切でない場面は相殺権の濫用や信義則の適用で対応すればよいなどと解されています。

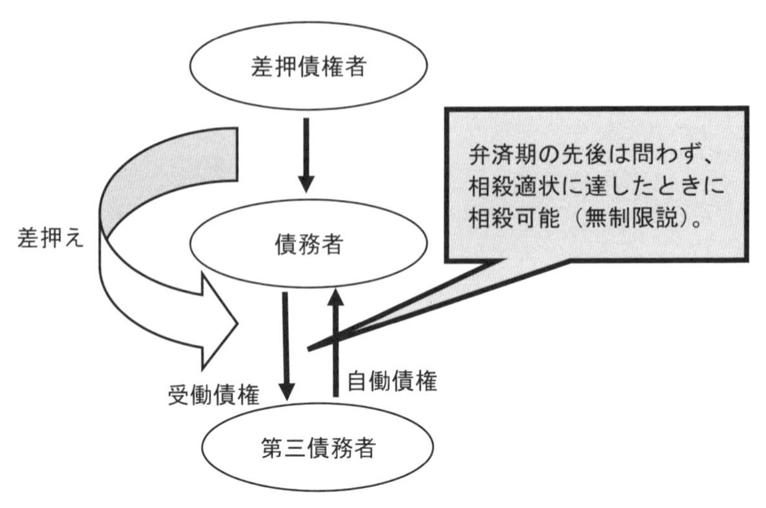

［出典］債権法部会資料（一部加工）

2．相殺権の拡張

（1） 現行民法と判例

現行民法511条については、**差押え時に具体的に発生していないものの発生原因が存在する債権を自働債権とする相殺が禁止されるか否か、明らかにはされていません**。例えば、差押え前に委託を受けた保証人が差押え後に保証債務を履行したことにより生じた事後求償権を自働債権とする相殺や、差押え前に締結されていた銀行取引約定書に基づき差押え後に生じた手形買戻請求権を自働債権とする相殺などが問題となります。

これに対して、破産法は、破産債権者が、破産手続開始の時において破産者に対して債務を負担するときには、破産手続によらずに相殺をすることができるとしており（破産法67条1項）、自働債権は、破産債権（破産手続開始の前の原因に基づいて生じた財産上の請求権（財団債権を除きます。同法2条5項）に該当するものであれば、破産手続開始の決定時に具体的に発生している必要はありません。判例は、傍論ではあるものの、委託を受けた保証人が破産手続開始の決定後に保証債務を履行したことにより生じた事後求償権を自働債権として相殺をすることができるとしています（最二小判平成24年5月28日民集66巻7号3123頁）。この点については、破産手続においては債権者平等の原則が強く働くべき局面であると考えられていることから、差押え時よりも破産手続開始の決定時に相殺を対抗することができる範囲が拡張されていることは不当であるなどといった指摘もあります。

（2）　改正民法511条2項

そこで、改正民法においては、破産法で相殺を対抗することができる範囲と民法で相殺を差押債権者に対抗できる範囲とを整合させるべく、破産法2条5項の規定を参照し、**第三債務者が差押え後に取得した債権を自働債権とする相殺であっても、その債権が「差押え前の原因に基づいて生じたものであるとき」は、その債権による相殺を差押債権者に対抗することができる**こととしました（改正511条2項本文）。もっとも、この場合であっても、**差押え前に発生原因が存在する債権を差押え後に他人から譲り受けたときは、相殺の担保的機能に対する期待が保護に値せず、かかる相殺を許容すべきではないと考えられるため**、破産法72条1項1号も参照して、**このような相殺は禁止する**こととしました（同項ただし書）。

差押えと相殺の抗弁に係る規律（改正511条）

自働債権の取得時期	第三債務者が差押えより「前に」取得した債務者に対する債権	第三債務者が差押えより「後に」取得した債務者に対する債権
差押債権者に対する相殺の抗弁の対抗の可否	相殺の抗弁を対抗できる（無制限説） ⇒従来の判例法理の明確化	差押え前の原因に基づいて生じた債権であるときのみ、相殺の抗弁を対抗できる（ただし、債務者が差押え後に他人の債権を取得したときを除く） ⇒相殺の抗弁の範囲を拡張 ※債権譲渡と相殺に係る規律について定めた改正469条よりは相殺権の拡張の範囲が狭い。

3．経過措置

自働債権が施行日前の原因に基づいて生じた債権である場合において、差押えを受けた債権を受働債権とする相殺については、改正民法511条は適用されず、現行民法が適用されることとなっています（改正附則26条3項）。したがって、改正民法511条が適用されるのは、相殺の意思表示をするのが施行日後であるだけでは足りず、あくまで自働債権が施行日後の原因に基づいて生じた場合である必要があります。

実務への影響と留意点

金融機関の実務としては、融資先の預貯金債権が差し押さえられた場合、貸付債権と預貯金債権との相殺による回収を検討することになります。金融機関が差押えに係る第三債務者として、相殺を差押債権者に対抗できるかが問題となる場面は多いと思われます。

改正民法511条1項において無制限説を採用したことについては、従来の判例法理を明文化したものであり、実務上も無制限説を前提とした運用が定着していることから、実務に与える影響はないといえます。

これに対して、同条2項においては、相殺権の拡張が認められたことから、**第三債務者である金融機関が差押債権者に対して相殺を対抗できる場面が広がる**ことになります。前述したとおり、**差押え前に委託を受けた保証人が差押え後に保証債務を履行したことにより生じた事後求償権を自働債権とする相殺**や、**差押え前に締結されていた銀行取引約定書に基づき差押え後に生じた手形買戻請求権を自働債権とする相殺**については、現行民法上はこれが可能であるか明らかではなかったものの、改正民法においてはこのような相殺が可能であることが明確になったと考えられます。

ただし、「差押え前の原因」の意義は必ずしも明らかではなく、同様の文言を用いた破産法71条2項等の解釈も踏まえて検討していく必要があります（3章6節の（注）参照）。例えば、委託を受けない保証の保証人が、破産手続開始後に保証債務を履行したことにより生じた事後求償権を自働債権とする相殺については、破産法72条1項1号の類推適用によって相殺をすることができないと解されていますが（前掲最二小判平成24年5月28日）、差押えの場合については解釈に委ねられる問題であるといわれています。委託を受けない保証の保証人は、差押え後に保証債務を履行したことにより生じた事後求償権を自働債権として相殺することができないと解すべきとする解釈が示されている一方で、かかる相殺をすることも認められると主張する見解もあるため、今後の解釈に委ねられる問題になりそうです。

8 預貯金口座への振込による弁済

実務 Point

✐ **預貯金口座への振込みによる債務の履行は弁済に当たり、弁済の効力発生時期は、債権者がその預貯金債権を取得したときであることが明らかになりました。もっとも、預貯金債権の成立時期やどのような場合に預貯金口座への振込みによって弁済をすることができるのかについては、引き続き解釈に委ねられることになりました。**

改正の概要

現代では、金銭債務の決済の多くが預貯金口座を通じた振込みによって行われていますが、預貯金口座への振込みによる債務の履行に関するルールについては、民法には規定が設けられておらず、解釈に委ねられていました。そのため、例えば、預貯金口座への振込みによる金銭債務の消滅時期がいつかという点などの基本的な法律関係が必ずしも明らかではないと指摘されています。

改正民法では、以下のとおり、預貯金口座への振込による弁済に関する規定が新たに設けられました。

1．振込みによる履行の性質と弁済の効力発生時期の明確化

（1） 振込みによる債務の履行

預貯金口座への振込みによる債務の履行については、それが弁済と代

物弁済のいずれに該当するかという理論的な問題もあります。

預貯金口座への振込みが弁済に該当するとする見解は、銀行振出の自己宛小切手（預手）の交付が債務の本旨に従った弁済の提供となると判断した判例（最二小判昭和37年9月21日民集16巻9号2041頁）について、預手の交付による預貯金債権の取得が現金の交付に相当するということを含意しているとみるものです。

これに対して、預貯金口座への振込みが代物弁済に該当するという見解は、債権者が預貯金債権を取得したとしても、銀行からの相殺の主張や第三者からの預金債権の差押え等、現金払いの場合には生じない不利益が発生するおそれがあることから、現金払いと同視することはできないとして、これを代物弁済とし、債権者の承諾を必要とすべきであるとするものです。この問題は、預貯金口座への振込みという方法によって債務を履行する場合に、債権者の承諾を要するか否かという点で、実務的には問題となります。

（2）　弁済の効力発生時期

また、預貯金口座への振込みによる金銭債務の消滅時期については、金銭債務が消滅するためには、受取人が処分可能な形で確定的に預貯金債権を取得したといえることが必要であり、そのためには、受取人の下で、振り込んだ金額に係る預貯金債権が成立している必要があると解されています。

（3）　改正民法477条

そこで、改正民法は、「債権者の預金又は貯金の口座に対する払込みによってする弁済は、債権者がその預金又は貯金に係る債権の債務者に対してその払込みに係る金額の払戻しを請求する権利を取得した時に、その効力を生ずる。」として、**預貯金口座への振込みによる債務の履行が弁済に当たる**ことを明らかにするとともに、**弁済の効力発生時期は、債権者がその預貯金債権を取得したときである**ことを明らかにしました（改正477条）。

新	旧
（預金又は貯金の口座に対する払込みによる弁済） 第477条　債権者の預金又は貯金の口座に対する払込みによってする弁済は、債権者がその預金又は貯金に係る債権の債務者に対してその払込みに係る金額の払戻しを請求する権利を取得した時に、その効力を生ずる。	（新設）

2．残された問題

民法改正の審議の過程では、弁済の効力発生時期は、債権者がその預貯金債権を取得したときであるとしても、**預貯金債権の成立時期をどの時点とするのかという問題**についても検討されました。振込みによる預貯金債権の成立時期について、通説は、被仕向銀行が受取人の預金口座に入金記帳をした時点であると解しています。しかし、入金記帳の時点で弁済の効力が生ずる旨が明記されることによって、厳密な入金記帳時点の管理を求められる可能性があるうえに、入金記帳のタイミングは金融機関によって異なっているので、この時点をルールとして明示することが適当でないとの意見などもあり、**最終的には解釈に委ねる**形になりました。

また、想定しない預金口座への振込みなど、当事者間の合意に反する振込みがされたときでも弁済の効力が生ずることへの懸念などから、**どのような場合に、預貯金口座への振込みによって弁済をすることができるのか**についても検討されました。債務者がたまたま知っていた債権者の銀行口座に振り込んだときに弁済の効力が生ずるとすると、いつ弁済がされたか把握することが困難な事態が生じ得るため適当ではないとして、当事者間の合意があったときに限り、預貯金口座への払込みによって弁済をすることができる旨の規定に改めることなども検討されましたが、意見の一致をみることができず、結果的には、どのような場合に預貯金口座への払込みによって弁済をすることができるかという点については、引き続き**解釈に委ねる**こととしました。

3．経過措置

施行日前に生じた債務の弁済については、改正民法の規定は適用されず、現行民法が適用されることとなっています（改正附則25条1項）。施行日後に生じた債務の弁済については、改正民法の規定が適用されることになります。

実務への影響と留意点

改正民法では、預貯金口座への振込みによる債務の履行が弁済に当たることを明らかにするとともに、弁済の効力発生時期は、債権者がその預貯金債権を取得したときであることを明らかにしましたが、その他の論点については解釈に委ねられることになったため、実務への影響は特にないものと考えられます。

なお、どのような場合に、預貯金口座への振込みによって弁済をすることができるのかについては、解釈に委ねられることになったものの、預貯金口座への振込みによって弁済の効力が認められるのは、あくまで振込みによって債務を履行することが許容されているときが想定されており、明示又は黙示の合意によって振込み以外の方法によって履行するとされた場合には、新設された改正民法477条が適用されることはないと考えられます。債権者が想定していなかった預貯金口座に債務者から金銭が振り込まれた場合については、通常は、当該口座への振込みによる履行が許容されていたときに該当しないという評価がされることにより、弁済の効力が認められないことになるためです。

9 貸付債権と消滅時効（起算点と期間）

実務 Point

- 消滅時効における起算点と時効期間については、商事消滅時効や職業別短期消滅時効等の特則を廃止してその統一化を図るとともに、主観的起算点から５年間又は客観的起算点から10年間のいずれか早い方の期間が満了したときに消滅するという二元的構成がとられることになりました。
- 金融機関の貸付債権については、改正民法における主観的起算点と客観的起算点が一致し、権利を行使することができる時から５年間で消滅するという商事消滅時効が適用される現行法上の実務とは変わらないことが多いと考えられます。

改正の概要

貸出債権の管理に当たっては、消滅時効により債権が消滅することがないよう注意をする必要がありますが、改正民法では、消滅時効の起算点と期間についても以下のような改正が行われています。

１．起算点・時効期間の統一化と二元的構成の採用

（1） 現行民法の規律

現行民法においては、消滅時効の起算点は「権利を行使することができる時」とされており（現166条１項）、債権は当該時点から10年間行使しないときに消滅するとされています（現167条１項）。ただし、商法

にはこの特則として商事消滅時効の定めが置かれており、「商行為によって生じた債権」の場合には5年間行使しないときに消滅するとされています（現行商法522条）。その他にも、現行民法上、職業別の短期消滅時効（現170条～174条）も定められています。

（2）　現行民法の問題点と検討

しかし、これらの商事消滅時効や職業別短期消滅時効は、その適用範囲に不明確さがあったり、複雑で分かりにくいといった指摘もありました。そこで、時効期間の統一を図ることにし、統一に当たっては、時効期間の大幅な長期化を避ける一方で、単純な短期化により権利を行使できることを知らないまま時効期間が経過することのないよう、新たな制度が検討されました。

（3）　改正民法166条

改正民法においては、**商事消滅時効及び職業別短期消滅時効はすべて廃止**して時効期間を統一化するとともに、従来の「**権利を行使することができる時から10年間**」という**客観的起算点による時効期間**に加えて、「**権利を行使することができることを知った時から5年間**」という**主観的起算点による時効期間**を定め、**いずれか早い方**の期間が満了したときに消滅時効が完成するという**二元的な構成**を採用することにしました（改正166条1項）。

新	旧
(債権等の消滅時効) 第166条　債権は、次に掲げる場合には、時効によって消滅する。 一　債権者が権利を行使することができることを知った時から5年間行使しないとき。 二　権利を行使することができる時から十年間行使しないとき。 2　債権又は所有権以外の財産権は、権利を行使することができる時から20間行使しないときは、時効によって消滅する。 3　前二項の規定は、始期付権利又は停止条件付権利の目的物を占有する第三者のために、その占有の開始の時から取得時効が進行することを妨げない。ただし、権利者は、その時効を更新するため、いつでも占有者の承認を求めることができる。	(消滅時効の進行等) 第166条　消滅時効は、権利を行使することができる時から進行する。 (新設) 2　前項の規定は、始期付権利又は停止条件付権利の目的物を占有する第三者のために、その占有の開始の時から取得時効が進行することを妨げない。ただし、権利者は、その時効を中断するため、いつでも占有者の承認を求めることができる。

(4)　定期金債権等の消滅時効期間の改正

なお、「年又はこれより短い時期」を定期的に弁済期とする支分権たる利息債権のように、定期給付債権といわれるものについては、5年間の短期消滅時効が定められていましたが（現169条）、これも廃止されています。また、基本権たる定期金債権については、第1回の弁済期から20年間、最後の弁済期から10年間行使しないときに時効消滅するとしていましたが（現168条）、各期に発生した支分権のいずれかを行使することができることを知った時から10年、行使できる時から20年で時効消滅すると改められました（改正168条）。

新	旧
(定期金債権の消滅時効) 第168条　定期金の債権は、次に掲げる場合には、時効によって消滅する。 一　債権者が定期金の債権から生ずる金銭その他の物の給付を目的とする各債権を行使することができることを知った時から10年間行使しないとき。 二　前号に規定する各債権を行使することができる時から20年間行使しないとき。 2　(略)	(定期金債権の消滅時効) 第168条　定期金の債権は、第1回の弁済期から20年間行使しないときは、消滅する。最後の弁済期から10年間行使しないときも、同様とする。 2　(同左)

現状

	起算点	時効期間	具体例	適用に争いのある具体例
原則	権利を行使することができる時から	10年	個人間の貸金債権など	
職業別	権利を行使することができる時から	1年	飲食料、宿泊料など	「下宿屋」の下宿料
		2年	弁護士、公証人の報酬、小売商人、卸売商人等の売掛代金など	税理士、公認会計士、司法書士の報酬、農協の売掛代金など
		3年	医師、助産師の診察報酬など	あん摩マッサージ指圧師、柔道整復師の報酬など
商事	権利を行使することができる時から	5年	商行為によって生じた債権	消費者ローンについての過払金返還請求権（判例上10年）

シンプルに統一化

改正法

	起算点	時効期間	具体例
原則	知った時から	5年	権利を行使することができることを知った時と権利を行使することができる時とが基本的に同一時点であるケース 例 売買代金債権、飲食料債権、宿泊料債権など契約上の債権
	権利を行使することができる時から	10年	権利を行使することができることを知った時と権利を行使することができる時とが異なるケース 例 消費者ローンの過払金（不当利得）返還請求権

出典：法務省説明資料（一部加工）

2．生命・身体の侵害による損害賠償請求権の時効期間の特則

（1） 現行民法の規律

現行民法においては、債務不履行に基づく損害賠償請求権は、権利を行使することができる時から10年間行使しないときに時効消滅するのに対して（現166条1項、現167条1項）、不法行為に基づく損害賠償請求権は、損害及び加害者を知った時から3年間行使しないときは時効によって消滅し、不法行為の時から20年を経過したときも消滅するとされています（現724条）。また、不法行為の時から20年の経過による消滅は、消滅時効を定めたものではなく、消滅時効における中断や停止が原則として認められずに期間の経過によって当然に消滅する**除斥期間**であると解されています。

新	旧
（人の生命又は身体の侵害による損害賠償請求権の消滅時効） 第167条　人の生命又は身体の侵害による損害賠償請求権の消滅時効についての前条第1項第2号の規定の適用については、同号中「10年間」とあるのは、「20年間」とする。	（債権等の消滅時効） 第167条　債権は、10年間行使しないときは、消滅する。 2　債権又は所有権以外の財産権は、20年間行使しないときは、消滅する。

（2） 現行民法の問題点

しかし、生命・身体の侵害による損害賠償請求権については、これを保護する必要性が高いことや、被害者にとって迅速な権利行使が困難な場合があるといった問題が指摘されていました。また、不法行為の時から20年の除斥期間についても、中断や停止が認められないことにより、被害者に酷な結論になることがあるといった問題が指摘されていました。

（3）　改正民法

そこで、改正民法においては、**人の生命・身体の侵害による損害賠償請求権の時効期間について長期化する特則**を新設すべく、**不法行為の主観的起算点を3年から5年に長期化**するとともに（改正724条の2）、**債務不履行の客観的起算点を20年に長期化**しました（改正167条）。これにより、生命・身体の侵害による損害賠償請求権につき、債務不履行と不法行為の時効期間は統一化されることになります。また、不法行為の時から20年の期間制限については、**除斥期間ではなく時効期間であることを明記**しました（改正724条）。

	起算点	時効期間
① 債務不履行に基づく損害賠償請求権	権利を行使することができることを知った時から	5年
	権利を行使することができる時から	10年
② 不法行為に基づく損害賠償請求権	被害及び加害者を知った時から	3年
	不法行為の時から （＝権利を行使することができる時から）	20年
①・②の特則 生命・身体の侵害による損害賠償請求権	知った時から	5年
	権利を行使することができる時から	20年

【改正法の内容①】（生命・身体の侵害による損害賠償請求権の時効期間）

○人の生命・身体の侵害による損害賠償請求権の時効期間について長期化する特則を新設（新167条、724条の2）。

・「知ったときから5年」（不法行為につき3年から5年に長期化）

・「知らなくても20年」（債務不履行につき10年から20年に長期化）

【改正法の内容②】（不法行為債権に関する長期20年の期間制限の意味）

○不法行為債権全般について、不法行為債権に関する長期20年の制限期間が時効期間であることを明記（新724条）。

〔出典〕法務省説明資料

新	旧
（不法行為による損害賠償請求権の消滅時効） 第724条　不法行為による損害賠償の請求権は、次に掲げる場合には、時効によって消滅する。 一　被害者又はその法定代理人が損害及び加害者を知った時から3年間行使しないとき。 二　不法行為の時から20年間行使しないとき。	（不法行為による損害賠償請求権の期間の制限） 第724条　不法行為による損害賠償の請求権は、被害者又はその法定代理人が損害及び加害者を知った時から3年間行使しないときは、時効によって消滅する。不法行為の時から20年を経過したときも、同様とする。
（人の生命又は身体を害する不法行為による損害賠償請求権の消滅時効） 第724条の2　人の生命又は身体を害する不法行為による損害賠償請求権の消滅時効についての前条第1号の規定の適用については、同号中「3年間」とあるのは、「5年間」とする。	（新設）

3．経過措置

施行日前に生じた債権の消滅時効期間については、改正民法の規定は適用されず、現行民法の規定が適用されることとなっています（改正附則10条4項）。施行日後に生じた債権の消滅時効期間について、改正民法の規定が適用されることになります。

実務への影響と留意点

現行民法上、銀行の貸付債権は「商行為によって生じた債権」であるため、「権利を行使することができる時」から**5年間**行使しないときには、商事消滅時効により消滅します。貸付債権における「権利を行使することができる時」とは、原則として**約定返済日**ということになりますが、期限の利益喪失事由が生じ、債務者が**期限の利益を失ったとき**は、その時点が「権利を行使することができる時」になります。ただし、信用金庫などの協同組織金融機関の貸付債権については、判例により、**信用金庫は商法上の商人に当たらない**と解されているため（最三小判昭和63年10月18日民集42巻8号575頁）、**債務者も商人でない場合には商事消滅時効は適用されず**、民法の原則どおり10年間の消滅時効期間に服することになります。

改正民法においては、商事消滅時効が廃止され、民法上の起算点及び時効期間は二元的な構成がとられることになったため、客観的起算点である「権利を行使することができる時から10年間」か、主観的起算点である「権利を行使することができることを知った時から5年間」のいずれか早い方の期間満了で消滅することになります。貸付債権の場合、金融機関が約定返済日の到来を知らないなどということは想定できないため、**主観的起算点と客観的起算点は一致し、約定返済日から5年間で時効期間が満了することになる**と考えられます。また、期限の利益喪失事由が生じた場合についても、金融機関からの請求があってはじめて期限の利益が喪失する場合（請求喪失事由）については、やはり金融機関が期限の利益の喪失を知らないなどということはあり得ないため、**主観的起算点と客観的起算点は一致し、期限の利益喪失日から5年間で時効期間が満了する**ことになると考えられます。

したがって、**銀行の貸付債権の消滅時効期間は、基本的には、現行民法と変わるところはない**と考えられます。他方、**協同組織金融機関の貸付債権の消滅時効期間は**、現行民法上は、債務者も商人でない場合は約定返済日や期限の利益喪失日から10年間が満了しなければ時効消滅することはなかったものの、改正民法上は、この場合でも約定返済日や請求による期限の利益喪失日から**5年間で時効消滅**することになる点には注意が必要であると思われます。

他方、期限の利益を当然に失う場合（当然喪失事由）については、金融機関が期限の利益の喪失を知らないということもあり得るため、主観的起算点と客観的起算点が一致しない場合も想定されます。したがって、この場合には、金融機関の貸付債権の消滅時効期間の満了が現行民法よりも遅れることがあり得ますが、実務に支障が生じるわけではないと思われます。

なお、短期消滅時効の廃止のうち、利息債権が定期給付債権に当たる関係で、定期給付債権に係る5年の短期消滅時効の廃止による影響が問題になり得ますが、改正民法上、この場合にも主観的起算点と客観的起算点は一致し、結局は「権利を行使することができる時」から５年間行使しないときに時効消滅することになるため、現行民法と変わるところはないと考えられます。その他、生命・身体の侵害による損害賠償請求権の時効期間の特則については、金融機関の貸出実務に影響を与えるものではないと思われます。

10 消滅時効の障害事由（更新と完成猶予）

実務Point

- **時効障害事由については、従来の中断事由の効果のうち、「時効の完成を猶予する部分」を「完成猶予」事由とし、「新たな時効の進行（時効期間のリセット）の部分」を「更新」事由に振り分け、従来の停止事由については「完成猶予」事由として、概念整理が行われました。**
- **基本的には、時効障害事由を分かりやすく整理したものであり、現行民法を実質的に変更する部分は少ないといえいますが、協議を行う旨の書面による完成猶予の制度の新設など、新たな制度の活用も考えられます。**

改正の概要

金融機関が貸出債権を管理するに当たり、消滅時効にかからないようにするためには、時効の中断や停止といった時効障害事由を利用することになります。

改正民法では、時効障害事由に関しても、以下のような改正が行われています。

1．時効障害事由（中断・停止）の概念整理―「更新」と「完成猶予」へ

現行民法において、時効の中断とは、法に定められた中断事由が発生したときは、それまでに経過した時効期間がリセットされ、改めてゼロ

から起算される制度とされており、その事由が終了した時から新たな時効期間が進行すると解されています。これに対して、時効の停止とは、時効が完成する際に、権利者が時効の中断をすることに障害がある場合に、その障害が消滅した後一定期間が経過するまでの間、時効の完成を猶予する制度です。

しかし、中断の効果としては、「完成の猶予」と「新たな時効の進行（時効期間のリセット）」の２つがあり、各中断事由におけるそれぞれの効果の内容も発生時期も異なるなど、複雑で分かりにくいと指摘されてきました。

そこで、改正民法においては、新たに２つの概念を用いて中断を分かりやすく整理するとともに、停止についても中断と併せて整理をすることにしました。**中断事由については、各中断事由ごとにその効果に応じて、「時効の完成を猶予する部分」は「完成猶予」事由とし、「新たな時効の進行（時効期間のリセット）の部分」は「更新」事由**に振り分けられました。また、**停止事由については「完成猶予」事由**とされました。

現行民法上、中断事由は、①請求、②差押え、仮差押え又は仮処分、③承認とされています（現147条）。改正民法では、以下のとおり整理されています。

新	旧
（裁判上の請求等による時効の完成猶予及び更新） 第147条　次に掲げる事由がある場合には、その事由が終了する（確定判決又は確定判決と同一の効力を有するものによって権利が確定することなくその事由が終了した場合にあっては、その終了の時から６箇月を経過する）までの間は、時効は、完成しない。 一　裁判上の請求 二　支払督促 三　民事訴訟法第275条第１項の和解又は民事調停法（昭和26法律第222号）若しくは家事事件手続法（平成23年法律第52号）による調停 四　破産手続参加、再生手続参加又は更生手続参加 ２　前項の場合において、確定判決又は確定判決と同一の効力を有するものによって権利が確定したときは、時効は、同項各号に掲げる事由が終了した時から新たにその進行を始める。	（時効の中断事由） 第147条　時効は、次に掲げる事由によって中断する。 一　請求 二　差押え、仮差押え又は仮処分 三　承認

（1）　承認

承認とは、時効の利益を受ける者が利益を失う者に対して、その権利の存在を認識している旨を表示することであり、現行民法上は中断事由とされています（現147条3号）。承認があれば、その時点で時効期間がリセットされ、新たな時効が進行することになります。

したがって、改正民法においては、承認は端的に更新事由とされました（改正152条1項）。

新	旧
（承認による時効の更新） 第152条　時効は、権利の承認があったときは、その時から新たにその進行を始める。 2　前項の承認をするには、相手方の権利についての処分につき行為能力の制限を受けていないこと又は権限があることを要しない。	（時効の中断事由） 第147条　時効は、次に掲げる事由によって中断する。 一　請求 二　差押え、仮差押え又は仮処分 三　承認

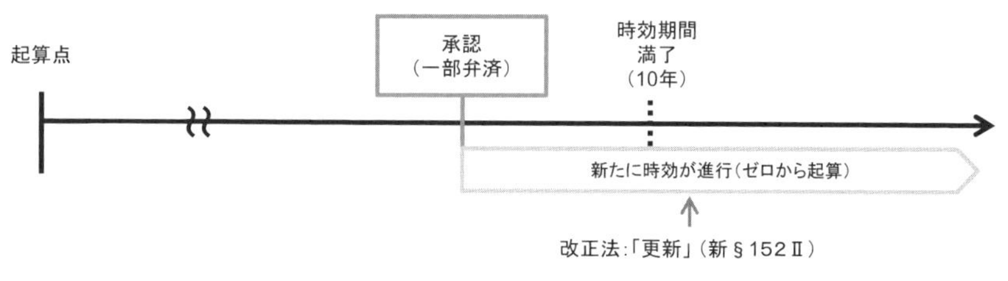

［出典］法務省説明資料

（2）　請求

現行民法上、請求の具体的内容としては、裁判上の請求（現149条）、支払督促（現150条）、和解及び調停の申立て（現151条）、破産手続等への参加（現152条）、催告（現153条）が挙げられています。

① **裁判上の請求等**

現行民法において、請求のうち、催告以外のものについては、裁判所が関与する権利確定手続で権利行使の意思が明らかになるものであるため、中断事由とされています。このような裁判上の請求等があった場合の中段の効果としては、裁判上の請求等があった時点で時効の完成は猶予され、確定判決等により権利が確定した時点で時効期間はリセットされ、新たな時効が進行することになると解されています。

そこで、改正民法においては、**裁判上の請求等については、その事由が終了するまでの間の完成猶予事由とし**（改正147条1項）、**確定判決又は確定判決と同一の効力を有するものによって権利が確定したことを更新事由**としています（同条2項）。

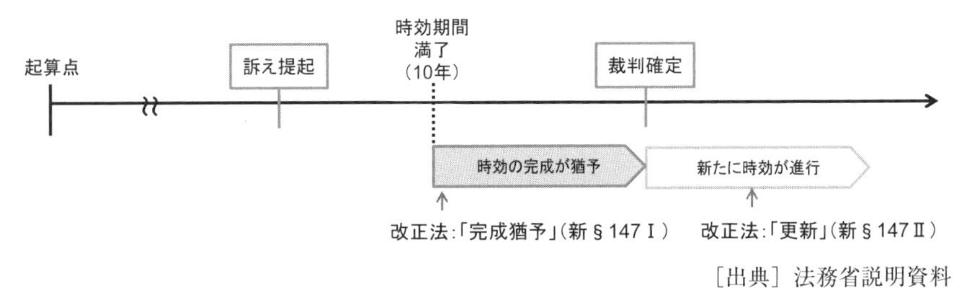

［出典］法務省説明資料

② **催告**

現行民法において、催告については、裁判外での請求になるため、6ヵ月以内に裁判上の請求等の他の中断事由として定める手段をとらなければ中断の効力は生じないとされています（現153条）。

そこで、改正民法においては、**催告はその時から6ヵ月間の完成猶予事由**とされました（改正150条1項）。また、催告によって時効の完成が猶予されている間に**再度の催告をしても完成猶予の効力をもたない**ことも明文化されました（同条2項）。

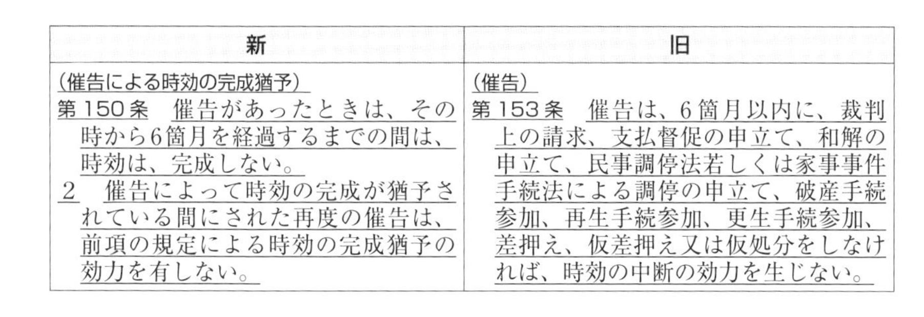

新	旧
（催告による時効の完成猶予） 第150条　催告があったときは、その時から6箇月を経過するまでの間は、時効は、完成しない。 2　催告によって時効の完成が猶予されている間にされた再度の催告は、前項の規定による時効の完成猶予の効力を有しない。	（催告） 第153条　催告は、6箇月以内に、裁判上の請求、支払督促の申立て、和解の申立て、民事調停法若しくは家事事件手続法による調停の申立て、破産手続参加、再生手続参加、更生手続参加、差押え、仮差押え又は仮処分をしなければ、時効の中断の効力を生じない。

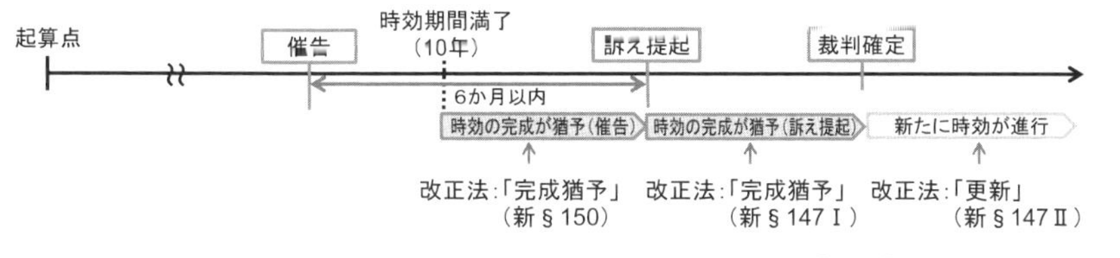

［出典］法務省説明資料

③ 裁判上の催告

現行民法において、請求のうち催告以外のものについては中断事由とされていますが、**訴え等の取下げや調停の不調等により権利が確定しなかった場合には、中断の効力が生じない**とされています（現149条～152条）。もっとも、判例は、訴え等を取り下げた場合でも、当該手続上権利行使の意思が表示されていたことにより継続してなされていたものと見るべき催告としての効力は消滅せず、取下げ後6ヵ月内に他の強力な中断事由に訴えることにより、消滅時効を確定的に中断することができるものと解しています（最一小判昭和45年9月10日民集24巻10号1389頁）。これを裁判上の催告といいます。

そこで、改正民法においては、**裁判上の請求等があった場合について、確定判決又は確定判決と同一の効力を有するものによって権利が確定することなくその事由が終了した場合にあっては、その終了の時から6ヵ月を経過するまでは時効の完成が猶予される**として、この判例法理を明文化しました（改正147条1項かっこ書）。

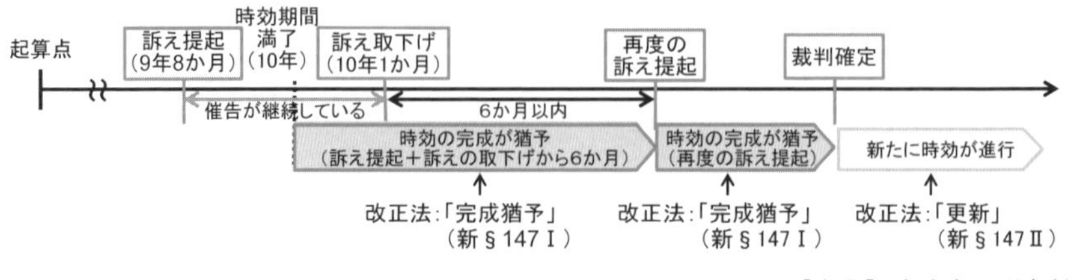

［出典］法務省説明資料

（3） 強制執行等

現行民法においては、強制執行行為のうち差押えのみが中断事由とされており（現147条2号）、取り消されたときは中断の効力が生じないとされています（現154条）。他方、前述した裁判上の請求等の場合の中断の効力に関する理解と同様、取下げ等により途中で取り消されることなく終了するに至った場合において、まだ権利の完全な実現に至っていないときは、その手続終了の時から新たな時効の進行が開始すると解されています。

そこで、改正民法においては、**差押えに限らず、強制執行、担保権の実行、担保権の実行としての競売の例による競売、財産開示手続も含め、これらの強制執行等については、その事由が終了するまでの完成猶予事由とした**うえで（改正148条1項）、**申立ての取下げ等による取り消しによることなくこれらの手続が終了した時を更新事由**としています（同条2項）。他方、**申立ての取下げ等による取り消しによって手続が終了した場合には、この時から6ヵ月を経過するまでは時効の完成が猶予される**としています（同条1項かっこ書）。

新	旧
（強制執行等による時効の完成猶予及び更新） 第148条　次に掲げる事由がある場合には、その事由が終了する（申立ての取下げ又は法律の規定に従わないことによる取消しによってその事由が終了した場合にあっては、その終了の時から6箇月を経過する）までの間は、時効は、完成しない。 一　強制執行 二　担保権の実行 三　民事執行法（昭和54年法律第4号）第195条に規定する担保権の実行としての競売の例による競売 四　民事執行法第196条に規定する財産開示手続 2　前項の場合には、時効は、同項各号に掲げる事由が終了した時から新たにその進行を始める。ただし、申立ての取下げ又は法律の規定に従わないことによる取消しによってその事由が終了した場合は、この限りでない。	（時効の中断事由） 第147条　時効は、次に掲げる事由によって中断する。 一　請求 二　差押え、仮差押え又は仮処分 三　承認

（4）　仮差押え等

現行民法においては、仮差押え及び仮処分は中断事由とされており（現147条2号）、取り消されたときは中断の効力が生じないとして（現154条）、前述した差押えと同様の効力が認められています。

しかし、保全手続は暫定的に権利の状態を保全するものであり、その後に本案の訴えが提起され、それによって時効が中断することが予定されているといえます。このような保全手続の付随性・暫定性からすれば、仮差押え等は本案の訴えが提起されるまでの間、時効完成を阻止すれば足りるものといえ、実質的には時効の停止事由として機能していました。

そこで、改正民法においては、**仮差押え等を更新事由とはせず、その事由が終了した時から6ヵ月間の完成猶予事由**としました（改正149条）。

新	旧
（仮差押え等による時効の完成猶予） 第149条　次に掲げる事由がある場合には、その事由が終了した時から6箇月を経過するまでの間は、時効は、完成しない。 一　仮差押え 二　仮処分	（時効の中断事由） 第147条　時効は、次に掲げる事由によって中断する。 一　請求 二　差押え、仮差押え又は仮処分 三　承認

（5） その他の完成猶予事由

現行民法158条～160条において、時効の停止事由が定められていますが、これらは改正民法においても完成猶予事由とされ、実質的な内容に変更はありません。

現行民法161条が定める時効の停止事由である天災等による猶予も、改正民法では完成猶予事由として維持されていますが、障害が消滅してから2週間という停止期間は短すぎるとの批判があったため、この期間を3ヵ月に伸長しています。

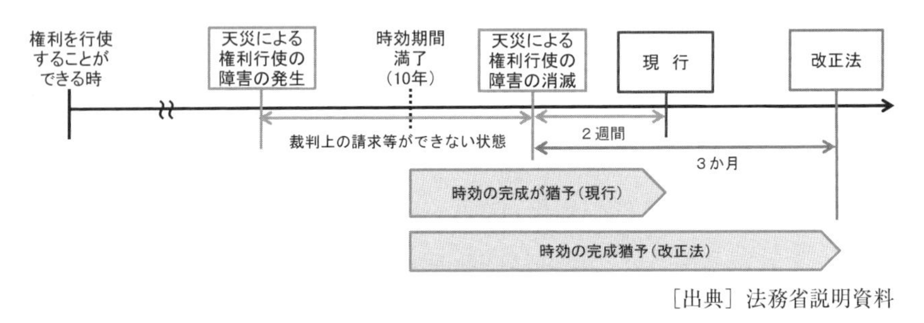

［出典］法務省説明資料

2．協議を行う旨の合意による完成猶予事由の新設

（1） 制度趣旨

改正民法においては、時効の完成猶予事由として新たに、協議を行う旨の合意による時効の完成猶予が定められました（改正151条）。

例えば、損害賠償請求権のような権利の存在自体が争われている事案などでは、最初から訴えの提起をするのではなく、当事者間での協議による解決を目指すことはよくあります。しかし、このような協議を行っている間にも消滅時効は進行するため、協議が長期化すれば時効期間の満了が迫り、協議中でもやむなく訴え提起等の時効中断を生じさせる手段をとらざるを得ないことがあります。

そこで、改正民法では、このような場合における時効中断の負担を軽減するため、協議を行うことの合意に時効の完成猶予の効力をもたせる制度を設けることにしました。

(2)　要件・効果

具体的には、「**権利についての協議を行う旨の合意が書面でされたとき**」が完成猶予事由とされているため（改正151条1項柱書）、時効の完成を猶予する旨の合意をしていなくても、協議を行う旨の合意がされていればよいことになります。また、この合意が書面ではなく電磁的記録によってされたときも、同様の完成猶予事由としての効力が生じることになります（同条4項）。

以上の完成猶予の要件を充たす場合には、以下の**いずれか早い時までの間は、時効が完成しない**ことになります。

(i)　当該合意により**協議を行う期間を定めなかった場合**には、**合意から1年**を経過した時

(ii)　当該合意において**協議を行う期間（1年未満に限ります。）を定めたときはその期間を経過**した時

(iii)　当事者の一方から相手方に対して**協議の続行を拒絶する旨の通知がされたときは、その通知の日から6ヵ月**を経過した時

(3)　再度の合意

上記の協議を行う旨の合意により時効の完成が猶予されている間に、**再度、協議を行う旨の合意をして、上記の完成猶予の効果を生じさせることも可能**です（改正151条2項本文）。ただし、その効力は、完成猶予がなかったとすれば時効が完成していた時から**通算で5年を超えることはできない**とされています（同項ただし書）。

(4)　協議を行う旨の合意と催告の併用

協議を行う旨の合意と催告の併用により、双方の完成猶予の効力を生じさせることはできません。すなわち、催告によって6ヵ月の完成猶予がされている間に、協議を行う旨の合意をしても、完成猶予の効力は生

じません（改正151条3項前段）。反対に、協議を行う旨の合意により完成猶予の効力が生じている間に催告をしても、完成猶予の効力は生じません（同項後段）。

新	旧
（協議を行う旨の合意による時効の完成猶予） 第151条　権利についての協議を行う旨の合意が書面でされたときは、次に掲げる時のいずれか早い時までの間は、時効は、完成しない。 一　その合意があった時から1年を経過した時 二　その合意において当事者が協議を行う期間（1年に満たないものに限る。）を定めたときは、その期間を経過した時 三　当事者の一方から相手方に対して協議の続行を拒絶する旨の通知が書面でされたときは、その通知の時から6箇月を経過した時 2　前項の規定により時効の完成が猶予されている間にされた再度の同項の合意は、同項の規定による時効の完成猶予の効力を有する。ただし、その効力は、時効の完成が猶予されなかったとすれば時効が完成すべき時から通じて5年を超えることができない。 3　催告によって時効の完成が猶予されている間にされた第1項の合意は、同項の規定による時効の完成猶予の効力を有しない。同項の規定により時効の完成が猶予されている間にされた催告についても、同様とする。 4　第1項の合意がその内容を記録した電磁的記録（電子的方式、磁気的方式その他人の知覚によっては認識することができない方式で作られる記録であって、電子計算機による情報処理の用に供されるものをいう。以下同じ。）によってされたときは、その合意は、書面によってされたものとみなして、前三項の規定を適用する。 5　前項の規定は、第1項第3号の通知について準用する。	（和解及び調停の申立て） 第151条　和解の申立て又は民事調停法（昭和26年法律第222号）若しくは家事事件手続法（平成23年法律第52号）による調停の申立ては、相手方が出頭せず、又は和解若しくは調停が調わないときは、1箇月以内に訴えを提起しなければ、時効の中断の効力を生じない。

3．経過措置

施行日前に、現行民法147条に規定する時効の中断事由及び現行民法158条～161条に規定する事項の停止事由が生じた場合のこれらの事由の効力については、現行民法が適用されることとなっています（改正附則10条2項）。

また、協議を行う旨の合意による完成猶予事由について定めた改正民法151条の規定は、施行日前に協議を行う旨の合意がされた場合には適用されないこととなっています（改正附則10条3項）。

実務への影響と留意点

時効障害事由の概念整理については、現行民法や判例法理について、分かりやすく整理をしたものであり、その**実質的な内容に大きな変更はないため、金融機関の実務に与える影響はほとんどない**と考えられます。

新たに時効の完成猶予事由として定められた協議を行う旨の合意の制度については、協議による解決により訴訟等の負担を軽減するなど、金融機関の回収実務を効率化するために活用することが考えられます。もっとも、金融機関の債権回収においては、債務者に対して更新事由としての債務承認を求めるのが通常でしょうから、この制度を活用できるのは**債務者が権利の存在自体を争っている場合**などに限られます。また、通常、金融機関としては、まずは催告をしてから協議の申入れをして交渉に入ることになるため、**催告と協議を行う旨の合意の併用による完成猶予の効力が認められていないことが、実務的には支障になる場面もある**のではないかともいわれています。

11 詐害行為取消権

実務 Point

✐詐害行為取消権の対象行為については、倒産法における否認権制度との逆転現象を解消するためにその対象を限定しつつ明確化を図るべく、一般規定に加えて、各行為ごとに要件を定める規定も置かれました。これにより、経済的危機状態にある貸出先に対して回収･保全行為や救済融資等の対応をとるに当たり、他の一般債権者から詐害行為取消請求をされるリスクが限定されるとともに、行為類型・要件の明確化によりかかるリスクを想定しやすくなったといえます。

✐詐害行為取消権の行使方法や効果についても、従来はそのほとんどが判例法理により解釈が示されていたものの、改正民法では従来の判例法理の明文化も含め、詳細な規定が置かれました。また、詐害行為取消権の消滅時効は出訴期間に改められ、時効障害に関する規定が適用されなくなった点にも注意が必要です。

改正の概要

詐害行為取消権は、債務者が債権者を害することを知ってした行為（詐害行為）について、債務者に対して金銭債権を有する取消債権者が、債務者の責任財産を保全するためにその取消しを裁判所に請求する制度です。貸出先が経済的危機に陥った状態で、特定の債権者に対する弁済等、他の債権者の利益を害する行為をとり、すべての債権者の引き当てとすべき責任財産を逸出したときには、金融機関としては詐害行為取消権を行使して貸出先の責任財産を保全し、貸出債権の回収を図ることを検討することになります。他方、経済的危機状態に陥った貸出先から弁済や担保提供等を受けるときには、他の債権者から詐害行為取消権を行使されることにならないか注意する必要があります。

法的倒産手続における類似の制度としては否認権制度が用意され、詳細な規律が定められ、その対象範囲を限定しつつ明確化しているのに対して、現行民法においては、詐害行為取消権に関するルールのほとんどが判例によって形成されており、その対象範囲が明確でないことから、**経済的危機状態にある債務者との取引の相手方を委縮させるおそれがあるという問題**が指摘されていました。また、本来であれば、**平時における詐害行為取消権の対象範囲が、債権者平等の原則がはたらく法的倒産手続における否認権の対象範囲よりも広く認められるべきではないにもかかわらず、そのような逆転現象が生じているという問題**も指摘されていました。

そこで、改正民法においては、詐害行為取消権に関するルールについて、否認権制度との平仄を踏まえて、明確化・合理化を図ることになりました。

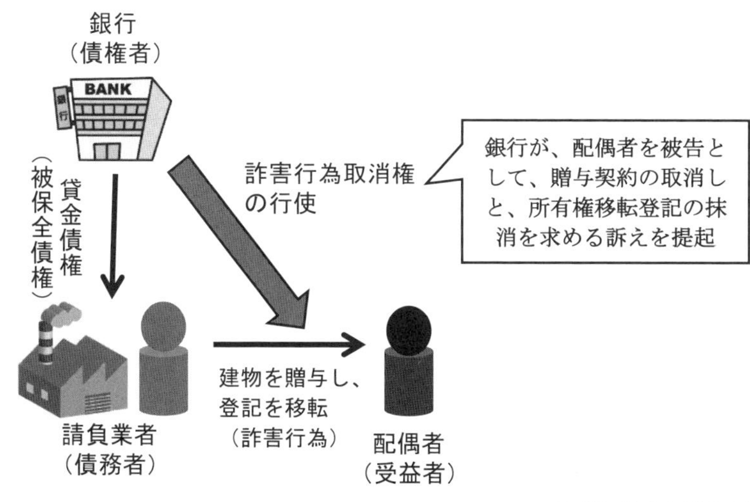

［出典］法務省説明資料

1．被保全債権の要件の拡張

現行民法において、判例は、被保全債権が詐害行為より前に発生したものであることを必要としており（最二小判昭和33年2月21日民集12巻2号341頁等）、詐害行為後に発生したものについては、詐害行為前に発生した被保全債権に対する遅延損害金について認めるにとどまっています（最三小判昭和35年4月26日民集14巻6号1046頁等）。

改正民法においては、詐害行為後に発生した債権であっても、詐害行為の前の原因に基づいて発生したものであれば、その原因時点の責任財産を基礎として、債務者が債権者を害する行為をしないことを期待していたといえるため、**詐害行為の前の原因に基づいて生じた債権も被保全債権になる**として（改正424条3項）、被保全債権の範囲を拡張しました。また、詐害行為取消権は、将来の強制執行のための制度であることから、**強制執行により実現することができない債権は被保全債権にならない**ことも明確化されました（同条4項）。

新	旧
（詐害行為取消請求） 第424条　債権者は、債務者が債権者を害することを知ってした行為の取消しを裁判所に請求することができる。ただし、その行為によって利益を受けた者（以下この款において「受益者」という。）がその行為の時において債権者を害することを知らなかったときは、この限りでない。	（詐害行為取消権） 第424条　債権者は、債務者が債権者を害することを知ってした法律行為の取消しを裁判所に請求することができる。ただし、その行為によって利益を受けた者又は転得者がその行為又は転得の時において債権者を害すべき事実を知らなかったときは、この限りでない。
2　前項の規定は、財産権を目的としない行為については、適用しない。	2　前項の規定は、財産権を目的としない法律行為については、適用しない。
3　債権者は、その債権が第1項に規定する行為の前の原因に基づいて生じたものである場合に限り、同項の規定による請求（以下「詐害行為取消請求」という。）をすることができる。	（新設）
4　債権者は、その債権が強制執行により実現することのできないものであるときは、詐害行為取消請求をすることができない。	（新設）

2．詐害行為取消権の対象行為の限定・明確化

（1）　一般規定

現行民法において、詐害行為取消権の対象は、「債務者が債権者を害することを知ってした法律行為」とされているところ（現424条1項）、改正民法においても、詐害行為取消権の対象の一般規定としては、「**債務者が債権者を害することを知ってした行為**」として、現行民法の内容を維持しています（改正424条1項本文）。詐害行為には弁済や債務承認等、法律行為でないものも含まれると解されていることから、「法律行為」との文言は「行為」に改められています。

また、**受益者がその行為時において債権者を害することを知らなかったときには詐害行為取消権を行使できない**こと（改正424条1項ただし書）、**財産権を目的としない行為には適用されない**ことは（同条2項）、現行民法424条も定めているとおり変わりありません。

詐害行為の典型例である贈与や廉価売却といった行為は、この一般規定により規律されることになると考えられます。

なお、現行民法では、判例は、詐害行為取消権の対象は「債権者を害する」ものでなければならないことから、債務者の無資力を要件とするとしています（大判昭和12年2月18日民集16巻120頁）。改正民法において、この要件を明文化することについては、無資力の意義等について意見が一致しなかったため見送られましたが、**無資力要件を求める現行法の解釈に変更はない**といわれています。

（2）　財産減少行為（相当対価処分行為・同時交換的行為）

現行民法において、不動産等の財産を相当な価格で処分する行為（相当価格処分行為）について、判例は、不動産等を費消又は隠匿しやすい金銭に換える相当価格処分行為には詐害性が認められるが、当該処分行為の目的・動機が正当なものである場合には詐害行為には当たらないとの立場をとっているとされています（大判明治39年2月5日民録12輯133頁、大判明治44年10月3日民録17輯538頁、最二小判昭和41年5月

27日民集20巻5号1004頁、最一小判昭和42年11月9日民集21巻9号2323頁等参照)。

他方、破産法は、相当価格処分行為を否認しようとする管財人の側が、**①当該処分行為がその財産の種類の変更により破産者において隠匿等の処分をするおそれを現に生じさせるものであったこと、②破産者が当該処分行為の当時その対価について隠匿等の処分をする意思を有していたこと、③受益者が当該処分行為の当時、破産者が隠匿等の処分をする意思を有していたことを知っていたこと**をいずれも主張立証した場合に限り、当該処分行為は否認の対象となる旨の規定を置いています(破産法161条1項)。その結果、否認権よりも詐害行為取消権の方がその対象行為が広くなるという**逆転現象の問題**が生じていました。

そこで、改正民法においては、**相当価格処分行為については、破産法の規律と平仄を合せ、上記①~③と同様の要件を満たした場合に限り、詐害行為取消請求をすることができる**こととしました(改正424条の2)。

なお、改正民法424条の2は、融資と同時に行う担保設定行為等の**同時交換的行為についても適用**されます(以下、改正民法424条の2が詐害行為取消権の対象とする相当対価処分行為及び同時交換的行為を「財産減少行為」といいます。)。

新	旧
(相当の対価を得てした財産の処分行為の特則) 第424条の2　債務者が、その有する財産を処分する行為をした場合において、受益者から相当の対価を取得しているときは、債権者は、次に掲げる要件のいずれにも該当する場合に限り、その行為について、詐害行為取消請求をすることができる。 一　その行為が、不動産の金銭への換価その他の当該処分による財産の種類の変更により、債務者において隠匿、無償の供与その他の債権者を害することとなる処分(以下この条において「隠匿等の処分」という。)をするおそれを現に生じさせるものであること。 二　債務者が、その行為の当時、対価として取得した金銭その他の財産について、隠匿等の処分をする意思を有していたこと。 三　受益者が、その行為の当時、債務者が隠匿等の処分をする意思を有していたことを知っていたこと。	(新設)

（3） 偏頗行為（特定の債権者に対する債務消滅行為・担保供与等）

① 債務消滅行為

現行民法において、判例は、債権者への弁済については、原則として詐害行為に当たらず、債務者と受益者が通謀して他の債権者を害する意思をもって行われた弁済に限り、詐害行為取消しの対象になるとしています（最二小判昭和33年9月26日民集12巻13号3022頁）。他方、破産法162条1項1号は、既存債務に係る債務消滅行為につき、債務者（破産者）が支払不能になった後に行われた偏頗行為に限り、否認の対象になるとしているため、ここでもやはり**逆転現象の問題**が生じていました。

そこで、改正民法は、この**判例法理の要件と破産法の要件との双方を要件とするべく、既存債務についての債務消滅行為**については、その行為が、（ⅰ）**債務者が支払不能の時に行われたものであること**、（ⅱ）**債務者と受益者とが通謀して他の債権者を害する意図をもって行われたものであること**、という要件のいずれも充たす場合に限り、詐害行為取消請求をすることができることにしました（改正424条の3第1項）。すなわち、支払不能の要件を課すことによって、否認の対象にならない偏頗行為が詐害行為取消しの対象になるという事態を回避し、通謀・詐害意図の要件を課すことによって、真に取り消されるべき不当な偏頗行為のみを詐害行為取消しの対象にすることを意図しています。なお、「**支払不能**」とは、**債務者が、支払能力を欠くために、その債務のうち弁済期にあるものにつき、一般的かつ継続的に弁済することができない状態をいう**ものとして、破産法と同様の定義が定められています（同項1号）。

② 担保供与

また、既存の債務についての担保供与について、判例は、担保の供与を受けた債権者は担保の目的物につき他の債権者に優先して弁済を受けられることになり、それによって他の債権者の共同担保が減少することになるから、既存の債務についての担保供与には詐害性が認められるものの、例えば継続的な供給を受けてきた仕入先に対する担保供与などのように、債務者の事業の継続のためにやむを得ないものであって、かつ、合理的な限度を超えないものである場合には、詐害行為には当たらないとする立場をとっているとされています（最二小判昭和32年11月1日民集11巻12号1832頁、最二小判昭和44年12月19日民集23巻12号2518頁等参照）。他方、破産法162条1項1号は、既存債務に係る担保供与につき、債務者（破産者）が支払不能になった後に行われた偏頗行為に限り、否認の対象になるとしているため、ここでもやはり**逆転現象の問題**が生じていました。

そこで、改正民法は、**既存債務についての担保供与についても、上記の債務消滅行為と同様の規律を適用する**こととしています（改正424条の3第1項。以下、同条項が詐害行為取消権の対象とする担保供与及び債務消滅行為を「偏頗行為」といいます。）。

③ 期限前弁済等に係る例外

また、改正民法は、既存債務についての偏頗行為が、**債務者の義務に属せず、又はその時期が債務者の義務に属しないものである場合**においては、その行為が、**債務者が支払不能になる前30日以内に行われたもの**にまで詐害行為の対象を拡張しています（改正424条の3第2項）。これは、破産法162条1項2号が、期限前弁済等についての否認の対象を支払不能後のものに限定してしまうと、債務者が近々支払不能になることを察知した債権者が、債務者に期限前弁済を迫ることによって、否認権の行使を潜脱的に回避することが可能となりかねないという問題などを考慮して、同様の規律を定めていることと平仄を合わせたものです。

（4）　過大な代物弁済等

過大な代物弁済は、全体として偏頗行為の性質を有する一方で、過大な部分については財産減少行為の性質をも有するといえます。破産法においても、過大な代物弁済は、全体として偏頗行為否認の対象となる一方で（破産法162条1項1号・2項2号）、過大な部分については財産減少行為否認の対象にもなります（同法160条2項・1項）。

そこで、改正民法は、詐害行為取消権についても破産法と平仄を合わせ、**過大な代物弁済のうちの過大な部分については、上記2（3）で述べた偏頗行為の要件に該当しない場合であっても、上記2（1）で述べた一般規定の要件に該当するときは、その過大な部分に限り、詐害行為取消しの対象になる**こととしました（改正424条の4）。

受益者に対する詐害行為取消請求の対象行為の限定・明確化

<table>
<tr><th colspan="2">行為類型</th><th>改正民法の要件</th><th>趣旨</th></tr>
<tr><td colspan="2">一般規定
（改正424条1項・2項）</td><td>①債務者が債権者を害することを知ってした行為（財産権を目的としない行為は除く）
②受益者がその行為の時において債権者を害することを知っていたこと</td><td>現行民法の規律を維持</td></tr>
<tr><td rowspan="2">財産減少行為（改正424条の2）</td><td>相当対価処分行為
（不動産の売却等）</td><td rowspan="2">①当該処分による財産の種類の変更により、債務者において隠匿、無償の供与その他の債権者を害することとなる処分（隠匿等の処分）をするおそれを現に生じさせるものであること
②債務者が当該処分行為の当時、対価として取得した財産について隠匿等の処分をする意思を有していたこと
③受益者が当該処分行為の当時、債務者が隠匿等の処分をする意思を有していたことを知っていたこと</td><td rowspan="2">否認権制度との逆転現象の解消のため、破産法161条1項と平仄を合わせた</td></tr>
<tr><td>同時交換的行為（融資と同時に行う担保設定等）</td></tr>
<tr><td rowspan="2">偏頗行為</td><td>債務消滅行為
（弁済等）</td><td rowspan="2">原則（改正424条の3第1項）
①債務者が支払不能の時に行われたものであること
②債務者と受益者とが通謀して他の債権者を害する意図をもって行われたものであること
例外（改正424条の3第2項）
債務者の義務に属せず、又はその時期が債務者の義務に属しないものである場合（期限前弁済等）
①債務者が支払不能になる前30日以内に行われたものであること
②債務者と受益者とが通謀して他の債権者を害する意図をもって行われたものであること</td><td>否認権制度との逆転現象の解消のため、判例法理と破産法162条1項1号の双方を要件とした</td></tr>
<tr><td>担保供与</td><td>否認権制度との逆転現象の解消のため、債務消滅行為と同様の規律を適用することとした</td></tr>
<tr><td colspan="2">過大な代物弁済等
（改正424条の4）</td><td>過大部分については、（偏頗行為の要件に該当しない場合でも）一般規定の要件に該当するとき</td><td>破産法160条2項と平仄を合わせた</td></tr>
</table>

（5）　転得者に対する詐害行為取消権の要件

現行民法において、判例は、（現行）民法424条1項ただし書の「債権者を害すべき事実」について、受益者が善意で、転得者が悪意である場合にも、転得者に対する詐害行為取消権の行使を認めていますが（最一小判昭和49年12月12日集民113号523頁）、破産法は、取引の安全を図る観点から、一旦善意者を経由した以上、その後に現れた転得者に対しては、たとえその転得者が悪意であったとしても、否認権を行使することができないとしており（破産法170条1項1号）、ここでも逆転現象が生じています。他方、破産法170条1項1号は、「前者に対する否認の原因」についての転得者の悪意を要求しているため、「前者の悪意」についての転得者の悪意（いわゆる二重の悪意）を要求する結果となっており、この点については要件が厳しすぎるとの批判があります。

そこで、改正民法は、転得者に対する詐害行為取消の場合も、破産法と平仄を合せて、**受益者やその後の転得者が善意であれば、被告となる転得者が悪意でも、転得者に対する詐害行為取消権は行使できないこと**としつつ、破産法のような二重の悪意を要求せずに、**転得者及び前者がいずれもそれぞれの転得の当時、「債務者の行為が債権者を害すること」について悪意であれば足りる**ものとしました（改正425条の5）。

なお、倒産法についても、転得者否認の要件として二重の悪意を不要とする改正がされています（改正破産法170条1項各号等）。

3．詐害行為取消権の行使方法

（1）　行使方法

改正民法は、現行民法下での判例法理（大連判明治44年3月24日民録17輯117頁、大判昭和7年9月15日民集11巻1841頁、最大判昭和36年7月19日民集15巻7号1875頁等）を採用し、債権者は、①受益者に対する詐害行為取消請求において、**債務者がした行為の取消し**とともに、その行為によって**受益者に移転した財産の返還**を請求することができ（改正424条の6第1項）、②転得者に対する詐害行為取消請求において、**債**

務者がした行為の取消しとともに、**転得者が転得した財産の返還**を請求することができることとし（同条2項）、受益者又は転得者がその現物を返還するのが困難であるときは、**価格償還**を請求できることとしました（同条各項）。

また、詐害行為取消請求の相手方についても、従来の判例法理どおり、**受益者又は転得者を被告とすれば足りる**としたうえで、新たな規律として、後述のとおりその効果が債務者に及ぶようになることを踏まえ、債務者の手続保障のために、債権者は**遅滞なく債務者に訴訟告知をしなければならない**こととしました（改正424条の7）。

（2） 取消しの範囲

現行民法において、判例は、詐害行為の取消しの範囲については、取消債権者の被保全債権の額を上限とすることを原則としつつ、目的物が不可分である場合には、現物返還が可能である限り被保全債権額を超える取消しを認めています（価格賠償の場合は被保全債権額を上限としています。大判明治36年12月7日民録9輯1339頁、大判大正9年12月24日民録26輯2024頁、最三小判昭和30年10月11日民集9巻11号1626頁、最一小判昭和54年1月25日民集33巻1号12頁、前掲最大判昭和36年7月19日）。

改正民法においても、この判例法理を明文化し、**目的物が可分であるとき及び価格償還請求をする場合は、被保全債権額を限度とする**こととしました（改正424条の8）。

（3） 債権者への直接の引渡請求等と相殺の可否

現行民法において、判例は、取消債権者が受益者又は転得者に対して、債務者に返還又は償還すべき金銭を直接自己に引き渡すよう請求することを認めたうえで、取消債権者は、受領した金銭の債務者に対する返還債務と被保全債権を相殺することができるとして、取消債権者に事実上の優先弁済を認めています（大判大正10年6月18日民録27輯1168頁、最三小判昭和37年10月9日民集16巻10号2070頁、最一小判昭和39年1

月 23 日民集 18 巻 1 号 76 頁等)。

改正民法は、従来の判例法理を変更することはせず、債権者は、返還の請求が金銭の支払又は動産の引渡しを求めるものであるときは、**受益者又は転得者に対して自己に直接引渡し等をすることを求めることができ、受益者は又は転得者は、債権者に対して直接引渡し等をしたときは、債務者に対して引渡し等をすることを要しない**ことを明らかにし（改正 424 条の 9 第 1 項)、価格償還請求の場合も同様としました（同条 2 項)。

債権者が**相殺により事実上の優先弁済を受けられる**ことについては、責任財産の保全という本来の制度趣旨を超える効果を認められるものであるなどとして批判されており、相殺を禁止する旨の提案も検討されましたが、相当の手間をかけて詐害行為取消請求権を行使するインセンティブが失われる等の批判もあり、採用されませんでした。相殺を認める旨の明文化もされていませんが、従来の判例法理を変更するものではないと解されているため、従来どおり**引き続き許容される**ものと解されます。ただし、個別事案における債権者平等の観点から相殺権濫用の法理等によって相殺が制限されることはあり得ます。

4．詐害行為取消権の行使の効果

（1）　受益者の反対給付

現行民法において、判例は、取消判決の効果は、取消債権者と受益者又は転得者との間でのみ相対的に生じ、債務者には及ばないとしています（前掲大連判明治 44 年 3 月 24 日)。したがって、債務者の財産処分行為が取り消され、受益者が財産の返還や価格償還をしても、受益者はその財産を取得するためにした反対給付の返還を求めることはできないと解されており、受益者が返還又は償還した財産から取消債権者や他の一般債権者が債権の満足を得たときに初めて、債務者に対して不当利得返還請求ができるにすぎないと解されています。

しかし、このように解してしまうと、受益者は、債務者に対してした反対給付の返還又は償還の請求権について、取消債権者及び他の一般債権者に劣後することになる一方、取消債権者や他の一般債権者は、受益者が債務者に返還した財産と、受益者がその財産を取得するためにした反対給付の双方を、債務者の責任財産として把握することになり、妥当な帰結ではないと批判されています。

そこで、改正民法は、詐害行為取消請求を認容する確定判決は、**債務者及びそのすべての債権者に対してもその効力を有する**として、債務者にも効力が及ぶこととしたうえで（改正425条）、**債務者がした財産処分行為が取り消されたときは、受益者は債務者に対して反対給付の返還を請求することができ、反対給付の返還が困難であるときは価格償還を請求することができる**こととしました（改正425条の2）。これは、**受益者が債務者に「財産を返還して初めて」反対給付の返還を求めることができるとする**ものであるため、受益者の反対給付返還請求権は、受益者の返還した財産に対して他の一般債権者と同列になります。ただし、受益者が価格償還をすべき場合で反対給付の返還も価格償還である場合において、受益者に差額償還をさせることにより事実上の優先権を認めることができるかについては、解釈に委ねられています。

（2）　受益者の債権の回復

詐害行為取消しの対象が財産処分行為ではなく債務消滅行為である場合には、取消判決により、受益者の債務者に対する債権が回復するのかどうかが問題となりますが、現行民法では、判例がこれを認めています（大判昭和16年2月10日民集20巻79頁）。これに対して、破産法は、債務消滅行為が否認された場合、受益者がその受けた給付を返還し、又はその価額を償還したときは、受益者の債権はこれによって原状に復するとしています（破産法169条）。

そこで、改正民法は、破産法と平仄を合わせ、**債務消滅行為が取り消された場合において、受益者が債務者から受けた給付を返還し、又はその価額を償還したときは、受益者の債務者に対する債権はこれによって原状に復する**としました（改正425条の3）。

（3）　転得者の反対給付・債権の回復

現行民法においては、転得者の前者に対する反対給付の返還請求や前者に対する債権の回復についても、受益者と同様の問題が生じます。また、受益者の場合とは異なり、破産法にもかかる転得者保護の規定はありません。

そこで、改正民法は、債務者の財産処分行為が転得者に対する詐害行為取消請求によって取り消された場合、当該転得者は、その前者から財産を取得するためにした**反対給付の価額を限度として、**その行為が受益者に対する詐害行為取消請求によって取り消されたとすれば生ずることになる**上記４（1）で述べた受益者の債務者に対する反対給付の返還請求権又は価額償還請求権を行使することができる**こととしました（改正425条の4第1号）。また、債務者の債務消滅行為が転得者に対する詐害行為取消請求によって取り消された場合も同様に、当該転得者は、その前者から財産を取得することによって**消滅した債権の価額を限度として、**その行為が受益者に対する詐害行為取消請求によって取り消されたとすれば回復することになる**上記４（2）で述べた受益者の債務者に対する債権を行使することができる**こととしました（同条2号）。

なお、倒産法についても、転得者否認が成立した場合における同様の転得者保護規定を設ける改正がされています（改正破産法170条の2、170条の3等）。

5．期間制限

現行民法は、詐害行為取消権は、債権者が取消しの原因を知った時から2年間行使しないときは時効消滅にかかるとし、行為の時から20年で消滅する旨の除斥期間も定めています（現426条）。判例は、「債務者が債権者を害することを知って法律行為をした事実」を債権者が知った時から起算されるのであって、「詐害行為の客観的事実」を債権者が知った時から起算されるのではないとしています（最一小判昭和47年4月13日集民105号561頁）。

改正民法は、「**詐害行為取消請求に係る訴えは、債務者が債権者を害することを知って行為をしたことを債権者が知った時**から２年を経過したときは、提起することができない。」として、起算点にかかる判例法理を明文化したうえで、詐害行為取消権が取消権等の実体法上の形成権とは異なるという点に着目し、詐害行為取消権の**２年の行使期間を出訴期間と捉える**ことにしました（改正426条前段）。したがって、**時効障害に関する規定は適用されない**ことになります。

また、20年の除斥期間については、詐害行為取消権を行使するには詐害行為時から詐害行為取消権の行使時（詐害行為取消訴訟の事実審口頭弁論終結時）まで債務者の無資力状態が継続することを要するとされているところ、20年もの長期間にわたって債務者の行為や財産状態を放置したまま推移させた債権者に詐害行為取消権を行使させる必要性は乏しいとして、**「行為の時から10年」に短縮**されました（改正426条後段）。

６．経過措置

施行日前に債務者が債権者を害することを知ってした法律行為に係る詐害行為取消権については、現行民法が適用されることとなっています（改正附則19条）。したがって、施行日後に債務者が債権者を害することを知ってした行為に係る詐害行為取消権について、改正民法の規定が適用されることになります。

実務への影響と留意点

詐害行為取消権の対象行為については、限定・明確化されたことから、経済的危機状態にある貸出先に対して回収・保全行為や救済融資等の対応をとるに当たり、他の一般債権者から詐害行為取消請求をされるリスクが限定されるとともに、行為類型・要件の明確化によりかかるリスクを想定しやすくなったといえます。また、債権者の立場で貸出先の責任財産の保全を図るために詐害行為取消権を行使する場合については、行使可能な場面が現行法よりも限定されることとなるものの、行為類型要件の明確化により行使の判断がしやすくなるため、より利用しやすい制度になるのではないかと思われます。

詐害行為取消権の行使方法については、従来の判例法理を明文化するものがほとんどであり、実務にさほど大きな影響を与えるものではないと考えられます。

詐害行為取消しが認められた場合の効果については、従来の相対効の考え方を改め、債務者にもその効力が及ぶこととしたうえで、受益者又は転得者の権利関係の帰趨については、現行民法よりも受益者又は転得者の保護を強化する方向での改正がされました。この点については、受益者又は転得者に限らず、取消債権者の権利関係の帰趨に影響を与えるものとして留意すべきと思われます。

また、詐害行為取消権の２年の行使期間が出訴期間とされたことに伴い、時効障害に関する規定が適用されなくなる点については注意が必要です。

12 債権者代位権

実務 Point

- ✐債権者代位権に関しては、その行使要件等について、従来の判例法理が明文化されました。
- ✐代位債権者が自己への直接支払を請求することも明文によって認められ、被保全債権との相殺により事実上の優先弁済を受けることも禁止されないことになりました。もっとも、代位債権者が被代位権利を行使した場合であっても、債務者は被代位権利に係る処分権限等を失わず、第三債務者も被代位権利について債務者に対して履行できるようになったことから、代位債権者が事実上の優先弁済を受けられない可能性も生じるようになりました。

改正の概要

債権者代位権は、債権者が自己の債権を保全するために必要があるときは、債務者の第三者に対する権利を債務者に代わって行使（代位行使）することができる制度です。金融機関にとっては、詐害行為取消請求権と同様、貸出先の責任財産を保全するための手段の一つとして利用することが考えられます。

改正民法では、債権者代位権について、以下のような改正がされています。

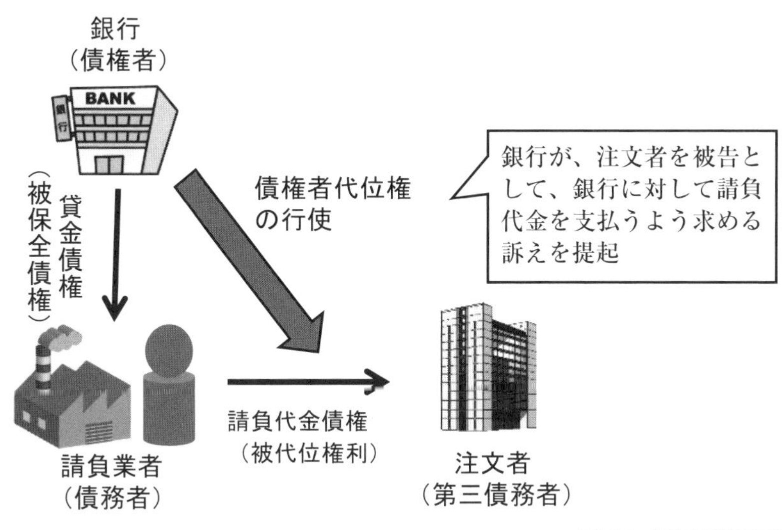

［出典］法務省説明資料

1．要件の明確化

現行民法において、債権者代位権は、①自己の債権を保全するためのものであること、②被代位権利が一身専属権でないこと、③被保全債権の期限が到来していること（ただし、裁判上の代位による場合と保存行為を除きます。）、を要件とすることが明文で定められています（現423条）。

①については、**債務者が無資力であることを要する**と解されているところ、改正民法においてその明文化は見送られましたが、現行法の解釈を変更する趣旨ではありません。改正民法では、保全の必要性を明らかにするため、「**自己の債権を保全するため必要があるとき**」との文言に改められています（改正423条1項本文）。

②については、**一身専属権に加えて差押禁止債権も被代位権利とすることができない**と解されているため、改正民法においては、この点を明文化しています（同項ただし書）。

③については、被保全債権の期限が到来する前でも行使できる例外として、裁判上の代位と保存行為が明文上認められていますが（現423条

2項)、**裁判上の代位の制度は利用実績がほとんどなく、民事保全制度で代替できることから、改正民法では廃止されました**(改正423条2項)。また、債権者代位権が強制執行の準備のために債務者の責任財産を保全するものであることから、**被保全債権は強制執行により実現できるものであることが要件である**と解されており、改正民法においては、この点も明文化しています(改正423条3項)。

新	旧
(債権者代位権の要件) 第423条　債権者は、自己の債権を保全するため必要があるときは、債務者に属する権利(以下「被代位権利」という。)を行使することができる。ただし、債務者の一身に専属する権利及び差押えを禁じられた権利は、この限りでない。 2　債権者は、その債権の期限が到来しない間は、被代位権利を行使することができない。ただし、保存行為は、この限りでない。 3　債権者は、その債権が強制執行により実現することのできないものであるときは、被代位権利を行使することができない。	(債権者代位権) 第423条　債権者は、自己の債権を保全するため、債務者に属する権利を行使することができる。ただし、債務者の一身に専属する権利は、この限りでない。 2　債権者は、その債権の期限が到来しない間は、裁判上の代位によらなければ、前項の権利を行使することができない。ただし、保存行為は、この限りでない。 (新設)

2．代位債権者への直接の支払い等

現行民法において、判例は、被代位権利が金銭債権の場合は、代位債権者が第三債務者に対して、被代位権利の目的である金銭を直接自己に引き渡すよう請求することを認めています(大判昭和10年3月12日民集14巻482頁)。その結果、被保全債権も金銭債権である場合には、代位債権者は債権者代理権の行使により第三債務者から直接受領した金銭を債務者に返還する債務と被保全債権とを相殺することによって、事実上優先弁済を受けることができるとされています。

改正民法では、「**被代位権利が金銭の支払又は動産の引渡しを目的とするものであるときは、相手方に対し、その支払又は引渡しを自己に対してすることを求めることができる。**」として、この判例法理を明文化しました（改正423条の3前段）。また、その場合の帰結として、「**相手方が債権者に対してその支払又は引渡しをしたときは、被代位権利は、これによって消滅する。**」旨も明らかにしました（同条後段）。代位債権者への直接の支払等を認める場合、代位債権者が受領した金銭等を費消するなど、債務者や他の債権者に不利益を与えることも考えられることから、**代位行使できる範囲は被保全債権の額を限度とする**ことも明文化しました（改正423条の2）。

代位債権者が**被保全債権との相殺により事実上優先弁済を受けられる**ことについては、強制執行制度とのバランスを欠くことからこれを禁止することも検討されましたが、最終的には、相殺権濫用の法理等によって相殺を制限することも可能であることから、この点は**解釈に委ねる**こととされました。

なお、現行民法において、判例は、第三債務者は、代位債権者に対して自己の抗弁を主張することができるとしていますが（大判昭和11年3月23日民集15巻551頁）、改正民法はこの点も明文化しています（改正423条の4）。

3．債務者の取立てその他の処分の権限等

現行民法において、判例は、代位債権者が適法に代位権行使に着手した場合において、債務者に対しその事実を通知するか又は債務者がこれを了知したときは、債務者は被代位権利につき代位債権者の代位権行使を妨げるような処分をする権能を失うとしています（大判昭和14年5月16日民集18巻557頁、最三小判昭和48年4月24日民集27巻3号596頁）。

しかし、債権者代位権は債務者が自ら権利行使をしない場合に限ってその行使が認められるものであることから、債務者の取立その他の処分権限まで制限することには批判がありました。

そこで、改正民法は、**代位債権者が被代位権利を行使した場合であっても、債務者は被代位権利について、自ら取立てその他の処分をすることを妨げられない**こととしました（改正423条の5前段）。また、これを

受けて、**第三債務者も、被代位権利について、債務者に対して履行をすることを妨げられない**こととしました（同条後段）。

また、改正民法は、債務者の手続保障の観点から、**債権者は、被代位権利の行使に係る訴えを提起したときは、遅滞なく、債務者に対して訴訟告知をしなければならない**こととしました（改正423条の6）。

4．登記又は登録の請求権を保全するための債権者代位権

現行民法において、債権者代位権は、金銭債権を保全するために債権者が債務者の権利を代位行使する権利であると解したうえで（本来型の債権者代位権）、責任財産の保全を目的としない債権者代位権である「転用型の債権者代位権」も認められると解されています。例えば、判例は、代位債権者が債務者に対する登記請求権の執行を保全するため、この登記請求権を被保全債権として、債務者の第三債務者に対する登記請求権を代位行使することを認めています（大判明治43年7月6日民録16輯537頁）。

そこで、改正民法は、本来型の債権者代位権だけではなく、転用型の債権者代位権についても明文化することとし、その代表例である上記登記請求権の代位行使に関する規定を設けることとしました。具体的には、「**登記又は登録をしなければ権利の得喪及び変更を第三者に対抗することができない財産を譲り受けた者は、その譲渡人が第三者に対して有する登記手続又は登録手続をすべきことを請求する権利を行使しないときは、その権利を行使することができる。**」としました（改正423条の7）。また、この場合においては、前述した相手方の抗弁に関する規定（改正423条の4）、債務者の取立てその他の処分の権限等に関する規定（改正423条の5）、訴え提起をした場合における債務者に対する訴訟告知に関する規定（423条の6）が準用されます。

また、上記の代表例だけではなく、転用型の債権者代位権に関する一般的な要件を定める規定を設けることも検討されましたが、そのような要件を適切に定めることは困難であるとして見送られました。もっとも、

この点については現行民法と同様に引き続き解釈に委ねられることになったものであり、上記の代表例以外に転用型の債権者代位権を認めないものとする趣旨ではありません。

5．経過措置

施行日前に被代位債権が生じた場合における当該権利に係る債権者代位権については、現行民法が適用されることとなっています（改正附則18条1項）。転用型の債権者代位権についても、施行日前に生じた被代位債権には改正民法の規定（改正423条の7）は適用されないこととなっています（改正附則18条2項）。施行日後に被代位債権が生じた場合における当該権利に係る債権者代位権について、改正民法の規定が適用されることになります。

実務への影響と留意点

代位権に関しては、従来の判例法理を明文化したものがほとんどであり、この点について実務への影響はないと考えられます。裁判上の代位の制度が廃止されたのは実質的な変更になりますが、もともと利用実績がほとんどない制度であるため、この点も実務への影響はないと考えられます。

これに対して、代位債権者が被代位権利を行使した場合であっても、債務者は被代位権利に係る処分権限等を失わないことになった点については、実務への影響があると考えられます。すなわち、代位債権者にとって、債権者代位権を行使する最大のメリットは、自己への直接の支払請求をしたうえで被保全債権との相殺により事実上の優先弁済を図ることにあるといえますが、**代位債権者が債権者代位権を行使しても、債務者がその処分権限等を失わず、かつ、第三債務者も債務者に対して弁済することができるようになったため**（改正423条の5）、**代位債権者が直接の支払を受けられなくなる可能性があり、事実上の優先弁済を得られなくなる**ことが想定されます。特に、請求を受けた第三債務者の立場からすると、債権者代位権の行使要件を充たしていない可能性のある代位債権者に対して弁済をするよりも、債務者に対して弁済をする方が安全であると考えられることから、代位債権者が事実上の優先弁済を受けられなくなる事態は現実的に生じ得るように思われます。

したがって、改正民法において、代位債権者が被保全債権との相殺により事実上の優先弁済を受けることが禁止されることにはならなかったとはいえ、上記のとおり、債権者代位権を行使しても事実上の優先弁済を得られない可能性が生じるようになったため、債権者代位権を利用するメリットは限定的になったのではないかと考えられます。

4章

為替・手形交換・付随業務・渉外

1 金融商品（投信・保険）の情報提供義務・説明義務との関係

実務 Point

- 契約締結過程における情報提供・説明義務に関する規律の明文化は見送られました。
- 従前から金融商品取引法や金融商品の販売等に関する法律（以下「金販法」といいます）の適用を受けている取引について、説明義務の内容や水準について変更はなく、これまで通り適切な情報提供・説明を行う必要があります。

改正の概要

1．契約締結過程の情報提供義務・説明義務

現行民法下では、契約を締結するに際して必要な情報は、原則として契約を締結しようとする者がそれぞれ自ら収集するものと考えられてきました。一方、契約の交渉等の段階に入った者の関係は、何らかの接触がない者同士の関係とは異なり、密接な関係に立つことから、交渉の相手方に対して不測の損害を被らせない信義則上の義務を負うと解釈されています。特に金融取引のような専門的な取引の場合には、当事者間の情報量や情報収集能力に格差が存在するのが一般的であり、専門家的立場にある当事者は相手方に対して情報を提供し適切な説明を行う義務があると解する考え方も存在しました。判例でも、契約締結過程において情報提供や説明が十分でなかったとして、損害賠償責任を認めた事例もあります。

2．情報提供義務・説明義務の法的性質

信義則を根拠とする契約締結過程における情報提供義務違反や説明義務違反の法的性質については、契約上の義務違反として債務不履行と考える立場や契約の存在を前提としない不法行為責任と考える立場などがありました。

この点について、判例は、「契約の一方当事者が、当該契約の締結に先立ち、信義則上の説明義務に違反して、当該契約を締結するか否かに関する判断に影響を及ぼすべき情報を相手方に提供しなかった場合には、上記一方当事者は、相手方が当該契約を締結したことにより被った損害につき、不法行為による賠償責任を負うことがあるのは格別、当該契約上の債務の不履行による賠償責任を負うことはないというべきである。」と判示し、**契約締結過程における説明義務違反の法的性質が不法行為に基づくものであることを明らかにしました**（最二小判平成23年4月22日民集65巻3号1405頁）。この判決は、そのように解する理由として、「なぜなら、上記のように、一方当事者が信義則上の説明義務に違反したために、相手方が本来であれば締結しなかったはずの契約を締結するに至り、損害を被った場合には、後に締結された契約は、上記説明義務の違反によって生じた結果と位置付けられるのであって、上記説明義務をもって上記契約に基づいて生じた義務であるということは、それを契約上の本来的な債務というか付随義務というかにかかわらず、一種の背理であるといわざるを得ないからである。契約締結の準備段階においても、信義則が当事者間の法律関係を規律し、信義則上の義務が発生するからといって、その義務が当然にその後に締結された契約に基づくものであるということにならないことはいうまでもない。」と判示しています。

3．金融商品を販売する際の説明義務

上記の民法上の議論に加え、金融商品の販売については、金販法についても留意が必要です。預貯金の受入れや金融商品を取得させる行為等については、「金融商品の販売等」として、同法によって規律されます。

金販法は、「金融商品販売業者等が金融商品の販売等に際し顧客に対して説明をすべき事項等及び金融商品販売業者等が顧客に対して当該事項について説明をしなかったこと等により当該顧客に損害が生じた場合における金融商品販売業者等の損害賠償の責任並びに金融商品販売業者等が行う金融商品の販売等に係る勧誘の適正の確保のための措置について定めることにより、顧客の保護を図り、もって国民経済の健全な発展に資すること」を目的にしています（金販法１条）。同法においては、金融商品販売業者等について、「重要事項」についての説明義務（同３条）、断定的判断の提供等の禁止（同４条）、説明義務を怠った場合又は断定的判断の提供等を行った場合の損害賠償責任（同５条）及び損害額の推定（同６条）などが定められています。例えば、説明義務の内容として、金利、通貨の価格、金融商品市場における相場その他の指標に係る変動を直接の原因として元本欠損が生ずるおそれがあるときは、元本欠損が生ずるおそれがある旨、当該指標、当該金融商品の販売に係る取引の仕組みのうち重要な部分について説明しなければならないとされています。

金融商品販売業者等が金融商品の販売等を行う場合、民法に加えて、金販法の適用を受けることになりますので留意が必要です。

実務への影響と留意点

契約締結過程における情報提供義務、説明義務に関しては規律が設けられなかったため、説明義務の内容や水準に関して、実務上、直接的な影響は考えにくいところです。

したがって、従前から金融商品取引法や金販法の適用を受けている取引について、説明義務の内容や水準について変更はありません。金融取引に際しては、これまで通り適切な情報提供・説明を行う必要があります。

2 金融商品（投信・保険）の購入と意思能力

実務 Point

✐改正民法3条の2は、「法律行為の当事者が意思表示をした時に意思能力を有しなかったときは、その法律行為は、無効とする。」と規定し、現行民法下における、意思能力を欠く人の意思表示は無効という解釈を明文化しました。

✐実際の取引時における意思能力の判断については、当該顧客の年齢、生活状況、判断能力の状態、取引の内容、複雑さの程度等を総合的にみて、意思能力の有無を判断することになると考えられます。金融取引については、その内容・リスクなど関して複雑なものも存在しており、それぞれの取引の内容に応じて意思能力の有無を適切に判断することが必要となります。

改正の概要

1．意思能力

意思能力とは、有効に意思表示をする能力をいいます。契約は、申込の意思表示と承諾の意思表示の合致によって成立しますが、これらの意思表示の意味を理解し、単独で有効に行うために必要な能力をいいます。現行民法には意思能力に関する明文規定はありませんが、意思能力を欠く人の意思表示は無効であると解されています（大判明治38年5月11日民録11輯706頁）。

子どもでいえば、6〜7歳ぐらいから意思能力が備わりだすといわれていますが、実際に意思能力があるかどうかの判断は、どのような取引を行うかによって異なり得る点に留意が必要です。特に、高齢者の場合、認知症などの疾病の可能性もあることから、意思能力の有無をめぐって争いになる可能性があります。裁判例においては、当該顧客の年齢だけでなく、生活状況、判断能力の状態、取引の内容、複雑さの程度等を総合的にみて、意思能力の有無を判断するケースが多いといえます。

2．改正民法の規律

改正民法３条の２は、「法律行為の当事者が意思表示をした時に意思能力を有しなかったときは、その法律行為は、無効とする」と規定し、現行民法下における、意思能力を欠く人の意思表示は無効という解釈を明文化しました。

新	旧
第３条の２　法律行為の当事者が意思表示をした時に意思能力を有しなかったときは、その法律行為は、無効とする。	（新設）

3．適合性との関係

金融商品取引に関しては、顧客の知識、経験、財産の状況及び金融商品取引契約を締結する目的に照らして不適当な勧誘を行い、投資者の保護に欠けるようなことがないようにしなければなりません。これを「適合性の原則」といいます（金商法40条１号、金販法３条２項）。

顧客が意思能力を欠く状態の場合、いくら詳しい説明を行ったとしても、当該顧客は、取引の内容を理解することができません。したがって、この場合、当該顧客は、当該取引について適合性を欠くことになります。

実務への影響と留意点

上記2のとおり、改正民法では、意思能力に関する規定が新設されましたが、これは、現行民法下における、意思能力を欠く人の意思表示は無効という解釈を明文化したものです。

そして、実際の取引時における意思能力の判断については、当該顧客の年齢、生活状況、判断能力の状態、取引の内容、複雑さの程度等を総合的にみて、意思能力の有無を判断するという従前からの考え方に変わりはありません。金融取引については、その内容・リスクなど関して複雑なものも存在しており、適合性との関係でも問題となる事例もあるところです。取引に際しては、それぞれの取引の内容に応じて意思能力の有無を適切に判断することが必要となります。

3 金融商品（投信・保険）の購入と意思表示の錯誤

実務 Point

- **動機の錯誤も含めて錯誤の要件が明文化されました。また、錯誤の効果については、無効から取消し得るものに改められました。**
- **明文化された錯誤の要件は、従前の解釈を変更することは特に企図されていないと解されており、その意味で、従前からの取扱いに大きな変更はないと理解してよいと考えられます。**
- **例えば、説明時において、顧客が、税務上のメリットを得られるかどうかなどを気にしている場合には、この点に勘違いなどがないかを慎重に確認し、記録化しておくことが必要となります。**

改正の概要

1．錯誤

現行民法は、意思表示に錯誤がある場合、その意思表示は無効であると規定しています（現95条）。錯誤とは、意思表示を行ったもの（以下「表意者」といいます。）の表示と真意との不一致あることをいいます。例えば、ある製品を販売する契約の際、1万ドルで売るつもりが、1万円と書いてしまった場合や言い間違えた場合などが典型的な場合です。

錯誤により意思表示が無効となるのは、「法律行為の要素」について錯誤がある場合です。「法律行為の要素」とは、意思表示の主要な部分であり、この点について錯誤がなかったら当該表意者は当該意思表示をしなかったであろうし（因果関係）、かつ、意思表示をしないことが一般取引の通念に照らしてもっともであること（重要性）を意味すると解されています。

錯誤による意思表示の無効は、原則として、当該表意者だけが主張することができると解されています。ただし、当該表意者が、錯誤に陥ったことについて重大な過失がある場合は、無効を主張できません（現95条ただし書）。

重大な過失とは、普通人に期待される注意を著しく欠いていることといわれます。もっとも、当該意思表示の相手方が、表意者の錯誤を知っているときは、たとえ表意者に重大な過失があったとしても、表意者の犠牲において相手方を保護する必要はないことから、表意者は無効を主張することができるといわれています。

2．動機の錯誤

上記のとおり、ドルと円を書き間違えた場合や言い間違えた場合、表意者の表示と真意との不一致が存在することになります。一方、表意者が、ドルと円の為替レートが同じだと信じて、１万円で売ると書いてしまった場合、１万円で売るという内心の意思は存在することから、表示と真意の不一致は存在しないようにも思われます。このような場合を動機の錯誤といいます。例えば、税務上のメリットがあると思って金融商品を購入する意思表示をした場合、税務上のメリットが存在しなかったとすると、意思表示の動機に錯誤があることになります。

意思表示の動機に錯誤がある場合、意思表示の相手方は動機の錯誤について知らない場合がほとんどであることから、従前から議論がありました。判例においては、「意思表示の動機の錯誤が法律行為の要素の錯誤としてその無効をきたすためには、その動機が相手方に表示されて法律行為の内容となり、もし錯誤がなかったならば表意者がその意思表示をしなかったであろうと認められる場合であることを要する」と解されてきました（最判平成元年9月14日集民157号555頁等）。

3．改正民法の規律

改正民法においては、意思表示に対応する意思を欠く錯誤とともに、「表意者が法律行為の基礎とした事情についてのその認識が真実に反する錯誤」、すなわち動機に錯誤がある場合にも、その事情が法律行為の基礎とされていることが表示されている場合には、錯誤として取扱われることが明文化されました（改正95条1項2号・2項）。

また、いずれの錯誤も、法律行為の目的及び取引上の社会通念に照らして重要なものである必要があることが明文化されました（改正95条1項柱書）。これは、これまで「法律行為の要素」の解釈として、意思表示の主要な部分であり、この点について錯誤がなかったら当該表意者は当該意思表示をしなかったであろうし（因果関係）、かつ、意思表示をしないことが一般取引の通念に照らしてもっともであること（重要性）と解されてきた要件を統合したものといわれています。

そして、錯誤による意思表示の効果は、現行民法上無効とされていましたが、これを、取消し得るものに改めました（改正95条1項柱書）。

新	旧
（錯誤） 第95条　意思表示は、次に掲げる錯誤に基づくものであって、その錯誤が法律行為の目的及び取引上の社会通念に照らして重要なものであるときは、取り消すことができる。 一　意思表示に対応する意思を欠く錯誤 二　表意者が法律行為の基礎とした事情についてのその認識が真実に反する錯誤 2　前項第2号の規定による意思表示の取消しは、その事情が法律行為の基礎とされていることが表示されていたときに限り、することができる。 3　錯誤が表意者の重大な過失によるものであった場合には、次に掲げる場合を除き、第1項の規定による意思表示の取消しをすることができない。 一　相手方が表意者に錯誤があることを知り、又は重大な過失によって知らなかったとき。 二　相手方が表意者と同一の錯誤に陥っていたとき。 4　第1項の規定による意思表示の取消しは、善意でかつ過失がない第三者に対抗することができない。	（錯誤） 第95条　意思表示は、法律行為の要素に錯誤があったときは、無効とする。ただし、表意者に重大な過失があったときは、表意者は、自らその無効を主張することができない。

実務への影響と留意点

改正民法においては、これまで解釈により認められてきた動機の錯誤も含めて錯誤の要件が明文化されました。この明文化された要件については、従前の解釈を変更することは特に企図されていないと解されています。その意味で、従前からの取扱いに大きな変更はないと理解してよいと考えられます。

例えば、説明時において、顧客が、税務上のメリットを得られるかどうかなどを気にしている場合には、動機について表示があったと評価される可能性があります。したがって、この点に勘違いなどがないかを慎重に確認し、記録化しておくことが必要となります。

また、錯誤の効果について、無効から取消し得るものに改められた点も、改正点としては重要です。錯誤が問題とされるケースにおいて、顧客から取消の意思表示がなされるかという点も実務的には留意をしておく必要があるでしょう。

4 売買（売主の担保責任）に関する見直し

実務 Point

✎売主の担保責任に関する改正に伴い、実務上、契約書の文言を改正法の文言にあわせるといった技術的な見直しは必要であるといえますが、取扱いに大きな変更はないと考えられます。

改正の概要

1．現行民法の規律

土地・建物を購入する場合、売買契約を締結することになります。不動産の売買契約の場合、現行民法上、売主は、当該不動産を現状で買主に引渡す義務を負い、当該不動産に隠れた瑕疵があって、買主がこれを知らず、かつ、その瑕疵のために契約をした目的を達することができない場合、買主は、損害賠償請求のほか、契約の解除をすることができます（現570条、現566条1項)。この契約の解除又は損害賠償の請求は、買主が、当該瑕疵を知った時から1年以内にしなければなりません（現566条3項)。

2．改正民法の規律

改正民法では、売買について、売主に「種類、品質又は数量に関して契約の内容に適合」する物を引き渡す義務を負わせました。これに反して、**引き渡された目的物が契約の内容に適合しないものである場合、買主は、売主に対し、目的物の修補、代替物の引渡し又は不足分の引渡し**

による履行の追完を請求することができることとされました（改正562条1項。買主の追完請求権）。また、買主が相当の期間を定めて履行の追完を催告し、その期間に履行の追完のないときは、買主は、その不適合の程度に応じて**代金の減額を請求することができる**こととされました（改正563条1項。買主の代金減額請求権）。

これは、現行民法上、不動産などの特定物の売買においては、目的物の性質は契約の内容にはならず、売主は当該目的物を現状で引き渡せばよいと解されていた考え方（いわゆる「特定物ドグマ」）を否定し、目的物が契約の内容に適合していなかった場合、売主が債務不履行責任を負う旨を規定したもので、大きな改正であるといわれます。

実務への影響と留意点

売主の担保責任に関する改正は、大きな意味を有するものの、現行の不動産売買における実務上の取扱いにおいては、すでに契約において様々な手当てがなされていると考えられます。したがって、実務上は、契約書の文言を改正民法の文言にあわせるといった技術的な見直しは必要であるといえますが、取扱いに大きな変更はないと考えられます。

5 賃貸借に関する見直し

実務 Point

✐不動産賃貸借、貸金庫取引においては、実務上、契約書の文言を改正法の文言にあわせるといった技術的な見直しは必要であるといえますが、取扱いに大きな変更はないと考えられます。

改正の概要

1．現行法の規律

（1） 賃貸借契約

銀行がその店舗などに用いるため、建物を賃借する場合、賃貸借契約を締結することになります。建物の賃貸借契約を締結する場合、通常は、借地借家法に定める建物賃貸借契約（借地借家法26条）又は定期建物賃貸借契約（同法38条）を締結することが多いと考えられます。

現行民法において、不動産賃借権は、登記をしなければ第三者に対抗することができないとされていますが（現605条）、借地借家法において、借家権について、建物の引渡しを第三者に対する対抗要件として定めています（借地借家法31条1項）。したがって、建物の引渡しがなされていた場合には、賃貸人が建物を売却した場合でも、賃借人は、新所有者（新賃貸人）に対して、自己の借家権を対抗することができます。そして、第三者に対抗できる不動産賃借権を有する者は、その後に賃貸人から当該不動産を賃借して（二重賃貸借）使用する者や、不法占拠する者に対し、不動産賃借権に基づく妨害排除請求権を行使することができると解され

1章 共通
2章 預金取引・管理
3章 貸出・管理・回収
4章 為替・手形交換・付随業務・渉外
5章 担保・保証

ています（最二小判昭和28年12月18日民集7巻12号1515頁、最三小判昭和30年4月5日民集9巻4号431頁）。

次に、貸金庫契約については、その法的性質を賃貸借契約と解するのが通説であるといわれています。判例は、「銀行が、貸金庫室内に備え付けられた貸金庫ないし貸金庫内の空間を利用者に貸与し、有価証券、貴金属等の物品を格納するために利用させるもの」としつつ、「銀行は、貸金庫の内容物について、利用者と共同して民法上の占有を有するものというべきである。」と解しています（最小二判平成11年11月29日民集53巻8号1926頁）。実務上は、貸金庫規定において、貸金庫の利用、手数料、解約の場合の取扱い等を定め、銀行の免責規定も盛り込まれています。

（2）　敷金

賃貸借契約においては、賃借人が賃貸人に対して敷金や権利金などといった金銭を差し入れることが多いと思われます。現行民法では、敷金という文言を用いた規定はありますが（現316条、現619条2項）、その法的性質について明確に定めた規定はありません。判例は、「家屋賃貸借における敷金は、賃貸借存続中の賃料債権のみならず、賃貸借終了後家屋明渡義務履行までに生ずる賃料相当損害金の債権その他賃貸借契約により賃貸人が貸借人に対して取得することのあるべき一切の債権を担保し、賃貸借終了後、家屋明渡がなされた時において、それまでに生じた右の一切の被担保債権を控除しなお残額があることを条件として、その残額につき敷金返還請求権が発生するもの」と解しています（最二小判昭和48年2月2日民集27巻1号80頁）。

2．改正民法の規律

（1）　不動産賃貸借の対抗力

改正民法605条の4は、**不動産の賃借人が、借地借家法に定める対抗要件**（土地の場合は、土地上の建物の登記（借地借家法10条）、建物の場合は、引渡し（同法31条））**を備えた場合において、差三者に対する妨害排除請求権・返還請求権を有することを明文化**しました。これは、従来の判例法理を明文化するものです。

なお、現行民法下では、不動産賃借人は、たとえ対抗要件を備えていなくても、不法占拠者に対しては不動産賃借権に基づく妨害排除請求権を行使することができるという有力な学説があるところ、改正民法605条の4は、この場合の妨害排除請求・返還請求を否定するものではなく、解釈に委ねられると解されています。

新	旧
（不動産の賃借人による妨害の停止の請求等） 第605条の4　不動産の賃借人は、第605条の2第1項に規定する対抗要件を備えた場合において、次の各号に掲げるときは、それぞれ当該各号に定める請求をすることができる。 一　その不動産の占有を第三者が妨害しているとき　その第三者に対する妨害の停止の請求 二　その不動産を第三者が占有しているとき　その第三者に対する返還の請求 （※以下、省略）	（新設）

（2）　敷金

改正民法は、敷金を「いかなる名目によるかを問わず、賃料債務その他の賃貸借に基づいて生ずる賃借人の賃貸人に対する金銭の給付を目的とする債務を担保する目的で、賃借人が賃貸人に交付する金銭」と定めました（改正622条の2第1項柱書かっこ書）。

そして、賃貸人は、敷金を受け取っている場合において、賃貸借契約が終了し、目的物の返還を受けたときなどは、賃借人に対し、受け取った敷金の額から賃貸借契約に基づいて生じた賃借人の賃貸人に対する金銭債務の額を控除した残額を返還しなければなりません。また、賃貸人は、賃借人が賃貸借契約に基づいて生じた金銭債務を履行しないときは、敷金を当該債務の弁済に充てることができることとされました（同条2項）。

新	旧
第622条の2　賃貸人は、敷金（いかなる名目によるかを問わず、賃料債務その他の賃貸借に基づいて生ずる賃借人の賃貸人に対する金銭の給付を目的とする債務を担保する目的で、賃借人が賃貸人に交付する金銭をいう。以下この条において同じ。）を受け取っている場合において、次に掲げるときは、賃借人に対し、その受け取った敷金の額から賃貸借に基づいて生じた賃借人の賃貸人に対する金銭の給付を目的とする債務の額を控除した残額を返還しなければならない。 一　賃貸借が終了し、かつ、賃貸物の返還を受けたとき。 二　賃借人が適法に賃借権を譲り渡したとき。 2　賃貸人は、賃借人が賃貸借に基づいて生じた金銭の給付を目的とする債務を履行しないときは、敷金をその債務の弁済に充てることができる。この場合において、賃借人は、賃貸人に対し、敷金をその債務の弁済に充てることを請求することができない。	（新設）

実務への影響と留意点

不動産賃貸借においては、現行の不動産売買における実務上の取扱い上、契約において、敷金に関する定めなど様々な手当てがなされています。また、貸金庫取引においても、貸金庫規定において、免責規定も含めて様々な手当てがなされています。したがって、実務上は、契約書の文言を改正民法の文言にあわせるといった技術的な見直しは必要であるといえますが、取扱いに大きな変更はないと考えられます。

6 請負・委任に関する見直し

実務 Point

✎改正民法による新たな規律は、多くは、実務上の取扱い上、契約において様々な手当てがなされていますので、実務上は、契約書の文言を改正民法の文言にあわせるといった技術的な見直しは必要であるといえますが、取扱いに大きな変更はないと考えられます。

改正の概要

1．現行民法の規律

金融機関においては、例えば、通常の事務手続や債権回収などのように、その業務の一部を外部に委託する場合があります。これらの業務委託は、請負に該当する場合と、委任（準委任）に該当する場合があると考えられます。

請負は、当事者の一方がある仕事を完成することを約し、相手方がその仕事の結果に対して報酬を支払うことを約する契約です（現632条）。典型的には、建築請負契約などがこれに該当します。委任は、当事者の一方が法律行為をすることを相手方に委託し、相手方がこれを承諾する契約をいい（現643条）、法律行為でない事務の委託を準委任といい、委任に関する規定が準用されます（現656条）。典型的には、事務手続の委託契約などがこれに該当します。

2．改正民法の規律

（1）　請負

請負に関する改正は大きく分けて、①仕事を完成できなくなった場合の報酬請求権に関する規律の明確化（改正634条）、②仕事の内容が契約の内容に適合しない場合の請負人の責任（売買の規定の準用）、③注文者が破産した場合の解除に関する規律（改正642条）、という３点です。

（2）　委任

委任に関する改正は大きく分けて、①受任者の自己執行義務に関する規定の新設（例外的に復受任者を選任できる場合の要件の明確化。改正644条の２第１項）、②報酬に関する規律の明確化（改正648条の２第１項）、③任意解除権に関する規定について、受任者の利益を目的とする委任に関する判例法理（最小二判昭和56年１月19日民集36巻１号１頁）の明文化（改正648条３項）、という３点です。

実務への影響と留意点

改正法による新たな規律は、多くは、実務上の取扱い上、契約において様々な手当てがなされています。したがって、実務上は、契約書の文言を改正法の文言にあわせるといった技術的な見直しは必要であるといえますが、取扱いに大きな変更はないと考えられます。

5章

担保・保証

1 根保証

実務 Point

✐改正民法下では、為替予約取引・デリバティブ取引に基づき発生する債務などを主債務とする根保証契約を含め個人根保証契約に該当し得ることになります。この場合、契約において極度額の設定が必要となるともに、法律で元本確定事由が規定されるため、留意する必要があります。

改正の概要

1．現行民法の規律

現行民法では、平成16年の民法改正により、貸金等根保証に関する規律が設けられています。

すなわち、保証人が個人で、主たる債務の範囲に、金銭の貸渡し又は手形の割引を受けることによって負担する債務（貸金等債務）が含まれる根保証契約については、書面（電磁的記録を含みます。）による極度額の定めがなければ無効となります（現465条の2、現446条2項・3項）。

また、貸金等根保証については、元本の確定に関する規律も定められています。すなわち、貸金等根保証契約において、元本確定期日を定める場合、契約締結日より5年以内でなければその定めは効力がないものとされ、元本確定日の定めがない場合、契約締結日から3年を経過する日とされます（現465条の3）。そのほか、①債権者が、主債務者又は保証人の財産について、金銭の支払を目的とする債権についての強制執行又は担保権実行の申立をしたとき（ただし、強制執行又は担保権実行の手続の開始があったときに限ります。）、②主債務者又は保証人が破産手続開始決定を受けたとき、③主債務者又は保証人が死亡したとき、といういずれかの場合には、貸金等根保証契約における主債務の元本は確定することとされています（現465条の4）。

2．改正民法の規律

改正民法では、現行民法の貸金等根保証契約に関する規律を、個人の根保証一般の規律に拡張しました。すなわち、一定の範囲に属する不特定の債務を主債務とする根保証契約であって保証人が法人でないものについて、**個人根保証契約**と定義し、元本確定期日に関する規律などを除き、貸金等根保証契約と同様の規律とされます。例えば、建物賃貸借の賃借人の債務や継続的売買契約における買主の債務について根保証する場合、個人根保証契約に該当することとなり、当該規律の適用を受けることになります。

個人根保証契約一般の規律となるのは、（ⅰ）根保証の場合の保証債務の内容、（ⅱ）書面による極度額の定めとその要件を満たさないときの保証契約の無効（改正465条の2）、（ⅲ）元本確定事由（保証人の財産への強制執行・担保権実行、保証人についての破産手続開始、保証人の死亡。改正465条の4第1項）です。

これに対し、元本確定日に関する規律（改正465条の3）、元本確定事由のうち、主債務者の財産への強制執行・担保権実行、主債務者の破産手続開始（改正465条の4第2項）は、個人貸金等根保証の規律にとどまります。なお、従来の貸金等根保証は、個人貸金等根保証と呼びかえられ、元本確定事由などに関して改正がなされています。

現行民法と改正民法の比較

		現行民法	改正民法	
		貸金等根保証	個人貸金等根保証	個人根保証
包括根保証禁止		○	○	○
元本確定期日		○	○	ー
元本確定事由	主債務者の財産についての強制執行等の申立て	○	○	ー
	保証人の財産についての強制執行等の申立	○	○	○
	主債務者の破産手続き開始決定	○	○	ー
	保証人の破産手続き開始決定	○	○	○
	主債務者の死亡	○	○	○
	保証人の死亡	○	○	○

実務への影響と留意点

現行民法下では、為替予約取引・デリバティブ取引に基づき発生する債務、を主債務とする根保証契約については、貸金等根保証の定義に該当せず、民法の規律の対象外となっていました。

しかし、改正民法下では、このような根保証を含め個人根保証契約に該当し得ることになります。この場合、極度額の設定を行う必要があるとともに、元本確定事由の発生について留意する必要があります。

2 個人保証の制限

実務 Point

- ✐個人保証に関しては、大きな改正がなされましたが、実務上の取扱いは変わるものではないと考えられることから、金融機関においては、従来の個人保証の徴求方針に大きな影響はないものと考えられます。
- ✐例外的に第三者から保証を徴求する場合には、保証契約締結に先立ち、保証契約締結前１ヵ月以内に作成された公正証書で、保証債務を履行する旨の意思表示がなされることが必要となります。
- ✐また、事業のために負担する債務を主債務とする保証（根保証含みます。）については、主債務者による保証人に対する情報提供義務の履行について、金融機関としても確認をしておき、後の保証契約の取消しなどのリスクを軽減する観点から望ましい対応といえます。

改正の概要

1．総論

個人の保証人が想定していなかった多額の保証債務の履行を求められ、生活の破たんに追い込まれるような事例があとを絶たないことなどを理由に、一定の類型の保証については、何らかの制限を設けようという意見がこれまで根強く主張されていました。一方で、金融機関による融資などにおいて、主債務者の信用力の補完として、個人保証は重要な意義を有してきました。経営者保証は、債務者である法人の経営者に責任をもった経営を行わせる意味でも、意義があるものと理解されてきました。

このような状況を踏まえ、改正民法では、事業に係る債務を主債務とする保証に関して、これまでの実務にも配慮しつつ、経営者等による保証を除き、事前に公正証書による保証意思の確認が義務づけられることとなりました。

2．公正証書による保証意思の確認

（1） 対象となる主債務

事業に係る債務についての保証の場合、あらかじめ、**公正証書による保証意思の確認**が要求されます（改正465条の6～465条の9）。これは、個人保証が、情誼に基づいてなされることが少なくなく、また、保証契約を締結する時点では保証債務の履行を求められるかどうかが確定しておらず、保証契約のリスクについて合理的な判断をすることなく保証契約が締結されがちであること、特に事業に係る債務の保証の場合は保証人の負担が重くなりがちであることを考慮したものといわれます。

事業に係る債務についての保証の中には、事業のために負担した貸金等を主債務とする保証のほか、主債務の範囲に事業のために負担する貸金等債務が含まれる根保証が含まれます。

ここにいう事業とは、必ずしも収益活動や営利活動に限られず、人が反復継続して行う営み、活動をいうと考えられています。したがって、法人の活動に係る資金の借入については、事業のために負担した貸金等に該当するものと解されます。なお、アパートローンの借入が事業のために負担した貸金等債務に該当するかについては、議論があるところですが、該当する可能性があるものと理解して対応する必要があるといえます。

（2） 適用除外（「経営者等」）

いわゆる経営者保証等の場合、適用除外となります。経営者等である個人が保証を行う場合、情誼に基づく債務負担のおそれはなく、主債務の負担・履行について経営判断を行っていることなどから、経営者等については適用除外とされたものです。

ここにいう経営者等とは、具体的には以下のとおり定められています（改正465条の9第1号～3号）。

① 主債務者が法人である場合

ア）主債務者の理事、取締役、執行役又はこれらに準ずる者

イ）主債務者の総株主の議決権の過半数を有する者

ウ）主債務者の総株主の議決権の過半数を他の株式会社が有する場合における、当該他の株式会社の総株主の議決権の過半数を有する者

エ）主債務者の総株主の議決権の過半数を他の株式会社及び当該他の株式会社の総株主の議決権の過半数を有する者が有する場合における、当該他の株式会社の総株主の議決権の過半数を有する者

オ）上記イ～エに準ずる者

② 主債務者が個人である場合

主債務者と共同して事業を行う者又は主債務者が行う事業に現に従事している主債務者の配偶者

経営者等の範囲

	適用除外対象者	対象外（公正証書が必要）
主債務者が法人	理事、取締役、執行役又はこれに準ずる者 ※「これに準ずる者」には、業務執行の決定に関与することができる法的な地位を有する者が含まれる。	○先代の経営者で影響力を有する者 ○親会社などの役員
	主債務者の議決権の過半数を有する者	オーナー個人が、親族などによる議決権保有を含めて実質的に主債務者を支配している場合 →別法人を通じて間接支配している場合は適用除外対象者に含まれる。
主債務者が個人	○共同事業者 ※業務の遂行に関する権利を有するとともに、当該事業につき利害関係を有することが認められる必要。 ○事業に現に従事している主債務者の配偶者	○推定相続人 ○いわゆる後継者 →定型的に例外として括りだす要件を設定することが極めて困難。

（3） 公正証書の作成

事業に係る債務についての保証の場合、あらかじめ、公正証書による保証意思の確認が義務づけられます。具体的には、保証契約締結に先立ち、保証契約締結前1ヵ月以内に作成された公正証書で、保証債務を履行する旨の意思表示がなされることが必要となります（改正465条の6第1項）。公正証書の方式については、改正民法465条の6第2項に定められています。

例えば、A社がB社に対し、9月1日付で5,000万円の融資を実行することを予定しており、B社の代表取締役の友人Cに対して連帯保証を求める場合、9月1日の前1ヵ月以内にCが公正証書により保証債務を履行する旨の意思表示をしなければならないことになります。

上記公正証書による保証意思の確認がなされない場合、保証契約は、その効力を生じないことになります（改正465条の6第1項柱書）。

3．主債務者の保証人への情報提供義務

事業に係る債務の個人保証の場合、主債務者に対し、委託を受けた保証人への契約締結時の情報提供義務が課されることになります（改正465条の10）。

具体的には、主債務者は、以下の事項について情報提供しなければなりません（改正465条の10第1項1号～3号）。

（ⅰ）財産及び収支の状況

（ⅱ）主債務以外に負担している債務の有無並びにその額及び履行の状況

（ⅲ）主債務の担保として他に提供し、又は提供しようとするものがあるときは、その旨及びその内容

これらの事項は、主債務の履行可能性に関わる情報であり、それは保証人リスクに関わる情報であるといえます。情報の不提供や虚偽の情報の提供の場合、保証人がそのために誤認をし、その誤認によって保証契約の意思表示をした場合において、債権者が、主債務者の情報不提供や虚偽の情報提供について知り、又は知ることができたときは、保証人は、保証契約を取消すことができます。

実務への影響と留意点

中小企業庁「信用保証協会における第三者保証人徴求の原則禁止について」（平成18年3月31日）は、経営者以外の第三者保証人を求めることを原則として禁止しています。

また、金融庁「主要行等向けの総合的な監督指針」（平成29年6月）及び「中小・地域金融機関向けの総合的な監督指針」（平成28年6月）は、経営者以外の第三者の個人連帯保証を求めないことを原則とする融資慣行を確立するとの方向性を示すとともに、上記中小企業庁「信用保証協会における第三者保証人徴求の原則禁止について」の考え方を参照しています（「主要行等向けの総合的な監督指針」Ⅲ－10－2（1））。

改正民法下でもこれらの制限は変わるものではないと考えられ、金融

機関においては、従来の個人保証の徴求方針に大きな影響はないものと考えられます。

例外的に**第三者から保証を徴求する場合には**、上記のとおり、**保証契約締結に先立ち、保証契約締結前１ヵ月以内に作成された公正証書で、保証債務を履行する旨の意思表示がなされることが必要**となります。このため、保証契約を締結することが予想される地域における公証人役場の確認や、公正証書の作成の手順について、整理しておくことが必要となるでしょう。

また、事業のために負担する債務を主債務とする保証（根保証含みます。）については、主債務者による保証人に対する情報提供義務の履行について、金融機関としても確認をしておくことが、後の保証契約の取消しなどのリスクを軽減する観点から望ましい対応といえます。具体的には、主債務者及び保証人の双方から、事実に沿った情報の提供がされたこと、その情報の提供を受けたことを確認する書面の提出を求めるなどの取扱いが考えられます。

3 保証人に対する情報提供義務

実務 Point

- **改正民法では、債権者は、主債務者の委託を受けた保証人から請求があったときは、保証人に対し、遅滞なく、主債務の元本についての不履行の有無、残額などについて情報を提供しなければならない旨が規定されました。債権となる金融機関としては、保証人から情報提供の請求があった旨を記録化したうえで、対応するという流れを確立する必要があると考えられます。**
- **また、改正民法では、債権者は、主債務者が期限の利益を喪失した場合に、保証人（個人に限ります。）に対し、主債務者がその期限の利益を喪失したことを知った時から2ヵ月以内に、その旨を通知しなければならない旨が規定されました。金融機関としては、通知を失念しないように留意する必要があります。**

改正の概要

1．現行民法下における取扱い

現行民法下において、保証人から、主債務者に関する情報、例えば主債務の残高や履行状況などについて情報開示を求められた場合、金融機関としてどのように対応するかは、主債務者に対する守秘義務との関係で、悩ましい問題でした。このため、例えば、高齢者である親が主債務者である場合に、親に代わって保証人である子から主債務の残高などの正確な情報提供を求められたような場合には、主債務者に対して回答する形をとることで対応するなどの工夫がなされてきたところです。
この点に関し、金融庁「主要行等向けの総合的な監督指針」（平成29年６月）及び「中小・地域金融機関向けの総合的な監督指針」（平成28年６月）は、「経営者以外の第三者と根保証契約を締結する場合には、原則として、契約締結後、保証人の要請があれば、定期的又は必要に応じて随時、被保証債務の残高・返済状況について情報を提供することとしているか」としており、実務上、延滞先などについては、保証人の要請があれば、定期的に通知を送るという対応がなされているものと考えられます。

２．改正民法の規律

（1） 履行状況に関する情報提供義務

改正民法では、債権者は、主債務者の委託を受けた保証人から請求があったときは、保証人に対し、遅滞なく、主債務の元本、利息、違約金、損害賠償その他その債務に従たるすべてのものについての不履行の有無並びにこれらの残額及びそのうち弁済期が到来しているものの額に関する情報を提供しなければならない旨が新しく規定されました（改正458条の２）。

（2） 期限の利益喪失に関する情報提供義務

改正民法では、債権者は、主債務者が期限の利益を喪失した場合に、保証人（個人に限ります。）に対し、主債務者がその期限の利益を喪失したことを知った時から２ヵ月以内に、その旨を通知しなければならない旨が規定されました（改正458条の３第１項）。この通知を怠った場合、債権者は、保証人に対し、主債務者が期限の利益を喪失した時からその旨をその旨を通知した時までに生じた遅延損害金に係る保証債務の履行を請求することができないことになります（同条２項）。

主債務者・債権者の保証人に対する情報提供義務

	主債務の履行状況に関する情報提供義務(改正458の2)	主債務者の期限の利益喪失に関する情報提供義務（改正458の3）	主債務者の情報提供義務（改正465の10）
提供義務者	債権者	債権者	主債務者
主債務の内容	事業性を問わない	事業性を問わない	事業性ある場合のみ
提供先	委託を受けた保証人（個人・法人）	個人である保証人（委託の有無を問わない）	委託を受けた個人である保証人
提供時期	保証人から請求があったときに、遅滞なく	主債務者の期限の利益喪失を知った時から2ヵ月以内	保証委託時
情報内容	主債務（元本・利息・違約金等）について、不履行の有無、残額等	主債務者の期限の利益喪失	主債務者の財産・収支の状況、主債務以外の債務の有無・額・履行状況、主債務の担保の有無・内容
違反の効果	定めなし	主債務者の期限の利益喪失時から、その旨を通知するまでの遅延損害金相当額の請求ができなくなる	債権者が主債務者の義務違反について悪意・有過失の場合、保証人は、保証契約の取消しが可能

実務への影響と留意点

改正民法により、保証人に対する情報提供義務が定められたことから、その義務を履行する限りにおいては金融機関が負う守秘義務は免責されることになると考えられます。**金融機関としては、保証人から情報提供の請求があった旨を記録化したうえで、対応する**という流れを確立する必要があると考えられます。

また、主債務者の失期については、2ヵ月間の猶予があるものの、通知を発送する義務がある以上、通知を失念しないよう留意する必要があります。

4 連帯保証人に対する履行の請求

実務 Point

✐改正民法下では、連帯保証人に対する履行の請求をしても、それだけでは、主債務についての時効の障害事由とはならないことになります。このため、主債務者との間の契約において、連帯保証人に対する請求をもって主債務者に対しても効力が及ぶ旨の条項などをおく対応が必要となります。

改正の概要

1．現行民法の規律

現行法は、連帯保証人につき生じた事由の効力について、連帯債務者の１人について生じた事由に関する規定を準用しています（現458条）。このうち、意味のある準用としては、連帯保証人に対する履行の請求の効果が主たる債務者にも及ぶ点です（現434条）。すなわち、連帯保証人に対して履行の請求を行えば、主債務についても時効中断効が生じることになります。

2．改正民法の規律

改正民法では、連帯債務に関する相対効の原則を拡張し（改正441条本文）、**履行の請求などについて、連帯債務者の１人に生じた場合でも、他の連帯債務者に対する効力を及ぼさない**こととし、連帯保証人についても当該規定が準用することとしました（改正458条）。

このため、改正民法下では、連帯保証人に対する履行の請求をしても、それだけでは、主債務についての時効の障害事由とはならないことになります。

実務への影響と留意点

改正民法により、連帯保証人に対する履行の請求の効力が、絶対効から相対効に変更されます。これにより、連帯保証人に対する履行に請求によって主債務の時効中断効を生じさせることが原則としてできないこととなる点に、留意が必要です。

もっとも、この規定は任意規定とされており、契約において別途の合意を行うことは妨げられません。したがって、主債務者との間の契約において、連帯保証人に対する請求をもって主債務者に対しても効力が及ぶ旨の条項などを置く対応が必要となります。

【編著者紹介】

渡邉　雅之（わたなべ　まさゆき）　　1章・2章担当

弁護士法人三宅法律事務所　　パートナー弁護士／公認不正検査士（CFE）

1995年　東京大学法学部卒業
1998～2000年　総理府勤務
2001年　弁護士登録（第二東京弁護士会）
2007年　Columbia Law School（LL.M.）修了
2011年～　成蹊大学法科大学院非常勤講師（金融商品取引法）
●主な取扱業務：金融規制法・コンプライアンス業務、プロジェクト・ファイナンス、保険法、民暴・マネロン対策、M&A業務、倒産関係業務
●主　　　著：「Q&Aマイナンバー法成立で銀行実務がどのように変わるか」（ビジネス教育出版社，2013）、「営業店の反社取引・マネロン防止対策ハンドブック」（銀行研修社，2014）共著、「金融実務マイナンバー取扱いハンドブック」（ビジネス教育出版，2015）、「いまからスタート マイナンバー制度がだれでもわかるQ&A・チェックリスト」（第一法規，2015）、「ポケット版マイナンバー実務手引」（日本法令，2016）、「マネー・ローンダリング対策ガイドブック（第2版）」（レクシスネクシス，2016）、「実例に基づく取締役会評価の最善の手法と事例」（日本法令，2016）、「これ一冊で即対応 平成29年施行改正個人情報保護法Q&Aと誰でもつくれる規程集」（第一法規，2016）

松崎　嵩大　（まつざき　たかひろ）　　3章担当

弁護士法人三宅法律事務所　パートナー弁護士

2004年　慶應義塾大学法学部法律学科卒業
2005年　司法試験合格
2007年　弁護士登録（第一東京弁護士会）
●主な取扱業務：金融法、会社法、その他民事・商事一般
●主　　　著：「銀行グループ会社の業務範囲等のポイント－平成28年銀行法改正を踏まえて」（銀行法務21 No.812・813）共著、「デリバティブ取引および仕組債の説明義務に係る裁判例の動向（上）（下）」（金融法務事情2032号・2033号）

井上　真一郎　（いのうえ　しんいちろう）　　4章・5章担当

弁護士法人三宅法律事務所　パートナー弁護士

1993年　兵庫県立姫路西高等学校卒業
2000年　司法試験合格
2001年　京都大学法学部卒業
2002年　弁護士登録（大阪弁護士会）　※2014年 弁護士登録換え（第一東京弁護士会）
●主な取扱業務：会社法、保険法、金融法、その他民事・商事一般
●主　　　著：「無権限者による解約の有効性（保険事例研究会レポート第183号）」（生命保険文化センター，2003）、「組合せ自在 定款の作り方とモデル文例集」（日本法令，2006）共著、「Q＆A　資金決済法・改正割賦販売法－新しい決済サービスに関する法制の横断的開設」（金融財政事情研究会，2010）共著

金融法務対策　新債権法

2018年3月10日　初版第1刷発行

著　者　渡　邉　雅　之
　　　　井　上　真一郎
　　　　松　崎　嵩　大
発行者　酒　井　敬　男

発行所　株式会社ビジネス教育出版社

〒102-0074　東京都千代田区九段南4-7-13
TEL 03(3221)5361(代表)／FAX 03(3222)7878
E-mail▶info@bks.co.jp URL▶https://www.bks.co.jp

落丁・乱丁はおとりかえします　印刷・製本／壮光舎印刷株式会社

ISBN978-4-8283-0689-6

本書のコピー、スキャン、デジタル化等の無断複写は、著作権法上での例外を除き禁じられています。購入者以外の第三者による本書のいかなる電子複製も一切認められておりません。